天津市教育科学“十三五”规划重点课题（BE1105）

学生体质健康锻炼
方案设计与组织实施研究

王　健　马晓卫　陶　岩　主编

北京体育大学出版社

策划编辑　佟　晖
责任编辑　佟　晖
责任校对　李志诚
版式设计　李沙沙

图书在版编目（CIP）数据

学生体质健康锻炼方案设计与组织实施研究/王健，马晓卫，陶岩主编．－－北京：北京体育大学出版社，2019.6
ISBN 978－7－5644－3174－7

Ⅰ.①学…　Ⅱ.①王…　②马…　③刘…　Ⅲ.①学生－身体素质－健康教育－研究　Ⅳ.①G807

中国版本图书馆CIP数据核字（2019）第107213号

学生体质健康锻炼方案设计与组织实施研究
王　健　马晓卫　陶　岩　主编

出版发行：北京体育大学出版社
地　　址：北京市海淀区农大南路1号院2号楼4层办公B－421
邮　　编：100084
网　　址：http：//cbs.bsu.edu.cn
发 行 部：010－62989320
邮 购 部：北京体育大学出版社读者服务部010－62989432
印　　刷：北京建宏印刷有限公司
开　　本：710mm×1000mm　1/16
成品尺寸：170mm×240mm
印　　张：14.75
字　　数：246千字
版　　次：2020年5月第1版
印　　次：2020年5月第1次印刷
定　　价：75.00元

编委会

主　编　王　健　马晓卫　陶　岩

编　委　（按姓氏笔画排序）

王　青　王　恒　王　涛

王　嵘　王星翰　刘　沛

许　婕　李龙鹏　吴　双

张　娜　姚春生　高云飞

韩　颖　裴　珊

前　言

为全面落实习近平总书记“没有全民健康，就没有全面小康”的重要指示精神，深入贯彻国务院《关于加快发展体育产业促进体育消费的若干意见》要求，推进教育部《关于进一步加强学校体育工作的若干意见》在天津市大、中、小学开展实施，本课题研究把加强青少年儿童体育锻炼作为提高全民健康素质的基础工程，以确保学生锻炼时间、提高学生体质健康水平、促进学生健康成长作为问题研究的重点，以天津市大、中、小学学生群体为实验研究对象，围绕学生体质锻炼示范园地建设及其组织实施方案开展实证研究，在建设规划与实施方案中注重操作性、可示范性和推广性，突出大、中、小学及幼儿园等不同群体设计学生体质健康方案针对性、需求性和科学性相统一的设计思路，彰显研究成果的社会价值和应用价值。

作为天津市教育科学“十三五”规划重点课题，本课题研究立足“天津市大、中、小学及幼儿园”学生群体的体质特点与发展规律，规划设计具有针对性、可操作性、可比较性和可复制性。“学生体质健康锻炼方案设计与组织实施研究”共包括 8 个研究专题，涉及小学生乒乓球、垫上运动、循环分组练习法等体质锻炼手段；针对幼儿园学生、初中生设计以身体运动为主的室外体质健康锻炼示范园地；同时围绕大学生群体，创编“水中健身操”“瑞士球健身操”两套行之有效的健身操等，为天津市学生体质健康锻炼运动干预平台建设提供科学依据。

在本课题研究过程中，天津体育学院的马晓卫讲师、王嵘副教授、刘沛讲师、许婕讲师、陶岩副教授，天津经济技术开发区国际学校李龙鹏一级教师，天津市河西区职工大学高云飞讲师等为本课题研究中的资料收集、方案设计、组织实施，以及全书的审稿、通稿和校对等工作付出了大量的时间和精力。

在本课题实施过程中，博士研究生王涛（天津体育学院）、硕士研究生王青

（天津市和平区中心小学）、王星翰（天津体育学院）、王恒（天津农学院）、吴双（天津市武清区杨村第三中学）、张娜（天津体育学院）、裴珊（天津市和平区中心小学）、韩颖（中国民航大学）等为本课题的实证研究提供了翔实的研究内容与研究结果，付出了艰辛和汗水，保证了课题研究的顺利开展。

此外，本书的编写还得到国家体育总局科教司、教育部体卫艺司体育教学研究中心、天津体育学院赴藏人员运动健康研究中心等部门领导及工作人员的大力指导和无私帮助，在此一并表示万分的感谢！

由于时间和研究水平有限，研究成果还有进一步完善和提升的空间，书中不足之处，敬请读者提出宝贵意见。

课题组

2019 年 2 月于天津体育学院团泊新校区

目录
CONTENTS

专题一　室外科学健身示范园区建设方案研究

——以幼儿园为例 …… (1)

研究目的与意义 …… (1)

研究对象与方法 …… (1)

方案设计与案例分析 …… (2)

结论 …… (42)

专题二　室外体质健康锻炼示范园地建设方案研究

——以初中生为例 …… (43)

研究目的与意义 …… (43)

研究对象与方法 …… (44)

方案设计与案例分析 …… (45)

结论 …… (77)

专题三　小学趣味球类教学内容设计与实施效果研究

——以乒乓球为例 …… (78)

研究目的与意义 …… (78)

研究对象与方法 …… (78)

研究结果与分析 …… (81)

结论 …… (98)

专题四　小学趣味体操教学内容设计与实施方案研究
——以垫上运动为例 …………………………………………………（100）
研究目的与意义 ……………………………………………………（100）
研究对象与方法 ……………………………………………………（101）
研究结果与分析 ……………………………………………………（102）
结论 ……………………………………………………………………（118）

专题五　小学生大课间活动的组织与实施研究 ……………………（120）
研究目的与意义 ……………………………………………………（120）
研究对象与方法 ……………………………………………………（121）
研究结果与分析 ……………………………………………………（122）
结论 ……………………………………………………………………（142）

专题六　瑞士球健身操创编及教学效果的实验研究
——以中国民航大学空乘专业女生为例 ……………………（143）
研究目的与意义 ……………………………………………………（143）
研究对象与方法 ……………………………………………………（144）
研究结果与分析 ……………………………………………………（145）
结论 ……………………………………………………………………（183）

专题七　水中健身操创编及教学效果的实验研究
——以腰膝疼痛群体为例 ……………………………………（184）
研究目的与意义 ……………………………………………………（184）
研究对象与方法 ……………………………………………………（184）
基本原则 ……………………………………………………………（187）
类型和内容 …………………………………………………………（188）
方案设计与案例分析 ………………………………………………（189）
结论 ……………………………………………………………………（197）

专题八　循环训练法对水平一学生平衡能力影响的研究
——基于辅助器械体操内容的案例分析 …………………… (198)
研究目的与意义 ………………………………………………………… (198)
研究对象与方法 ………………………………………………………… (199)
教学实验设计 …………………………………………………………… (201)
研究结果与分析 ………………………………………………………… (214)
结论 ……………………………………………………………………… (223)

专题一

室外科学健身示范园区建设方案研究

——以幼儿园为例

研究目的与意义

（1）归纳总结示范园区的建设方案设计与理念；建立示范园区建设方案设计的原则；提出示范园区设计的规划与实施方案。

（2）丰富幼儿园室外健身示范园区的设计思路，进一步完善幼儿园健身器材的建设，设计一个可复制、可推广、可借鉴的幼儿示范园区的室外健身方案。

（3）提供更科学的新型理念和原则方法，为室外幼儿园健身方案的设计提供借鉴思路。

研究对象与方法

一、研究对象

以幼儿园室外健身方案设计为研究对象。

二、研究方法

研究方法有文献资料法、归纳总结法、专家访谈法和实例分析法。

通过对幼儿园室外健身园区的现状进行分析研究，对目前仍存在的问题进行归纳总结，力求解决与方案设计主旨相应的问题。在方案初步完成后，从设计原则出发，制定专家评价表并呈送给20位专家，进行方案合理度评价，通过专家意见与建议的反馈，对方案进行改进。

方案设计与案例分析

一、设计的原则

（一）基本功能的设计原则

1. 安全性原则

要求室外健身器械的结构设计、材料选取、器械尺寸及健身说明书的专业设计等方面都要做到安全无隐患。

2. 可操作性原则

让健身器械和徒手健身方法更好地发挥健身的作用，达到最佳的锻炼效果。设计的可操作性是实现这一目标的基础。

3. 趣味性原则

幼儿喜欢具有趣味、充满活力的器械和锻炼方式。在设计幼儿园室外健身方案时，要设计出一些具有娱乐趣味功能，色彩鲜艳和形状奇特特性的器械。

4. 舒适性原则

室外科学健身示范园区的舒适性体现在生理和心理两方面。既要符合大多数幼儿的锻炼需求，又要让幼儿有轻松愉悦的心理感受，舒服快乐地完成健身锻炼。

5. 环保性原则

对幼儿的健身场地和锻炼器械来说，材料的环保是设计时要考虑的第一要务，其中也包括资源的环保。

（二）附属功能的设计原则

1. 色彩的设计原则

通过色彩吸引幼儿的注意并提高他们的使用兴趣。

2. 游戏的设计原则

在设计中加入游戏部分，提高幼儿的健身兴趣，使其不会感到厌倦和枯燥，以达到更好的锻炼目的。

3. 材质的设计原则

采用环保、舒适、安全、经济的材料，根据防雨、保暖、防滑的特性进行设计。

二、室外科学健身示范园区设计方案

（一）超人训练基地

超人训练基地占地面积15m²，是集锻炼力量、柔韧性及协调性于一体的组合器械健身示范园区。

1. 超人训练基地场地设计要素

（1）出入口。为了方便更多的幼儿进入园区锻炼，超人训练基地决定设计三个不同方向的出入口（图1－1），在门口放上标牌，并配上“快乐锻炼，健康成长！”的运动标语。（图1－2）

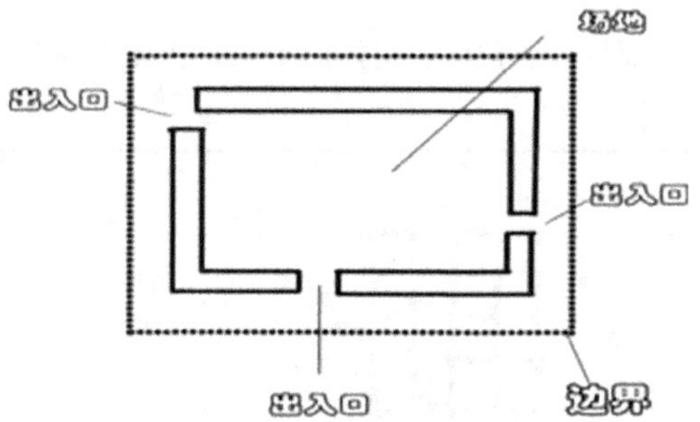

图1－1　场地出入口设计

图1－2　运动标语标牌

（2）地面。地面选用安全橡胶地垫，是用天然橡胶、合成橡胶和其他成分的高分子材料所制成的地垫。（图1－3）

（3）边界。在边界绿化带的设计上，选用一些由太阳光衍生出来的颜色的植物，如按红色—黄色—绿色穿插设计。（图1－4）

图 1－3　安全橡胶地垫

图 1－4　绿化带

2. 超人训练基地训练器械整体设计

组合训练器械描述介绍见表 1－1。组合训练器械整体、单面及尺寸分析分别见图 1－5 至图 1－9。

表 1－1　组合训练器械介绍

项目	内容
规格	320cm × 50cm × 140（252）cm
颜色	蓝色、绿色、红色、黑色
适用人数	10 名（3～6 岁幼儿）
功能划分	力量、爆发力、耐力、柔韧性、协调性、平衡能力
器械组成	云梯、攀爬梯、爬行弹力带、压腿架、屈臂撑、引体向上架、转体训练器、45°腰腹器

图 1－5　组合训练器械整体

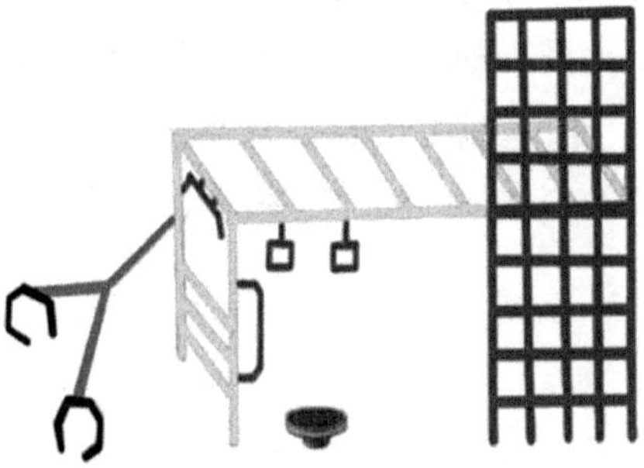

图 1－6　训练器械单面图（前）

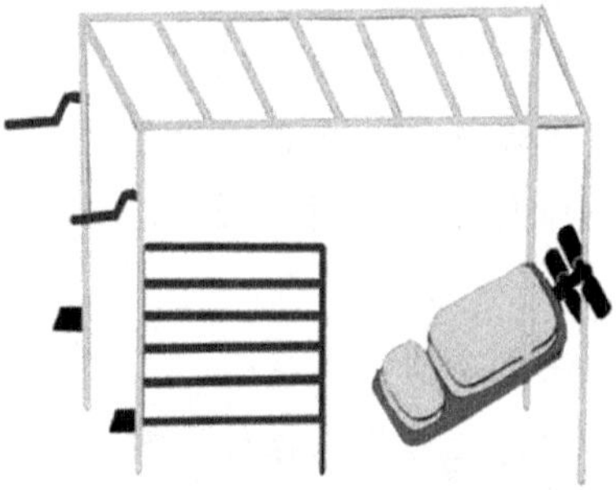

图 1－7　训练器械单面图（后）

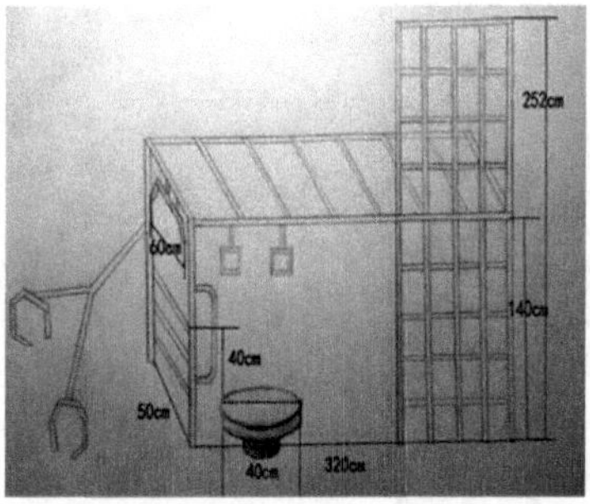

图 1－8　整体构造单面尺寸（前）

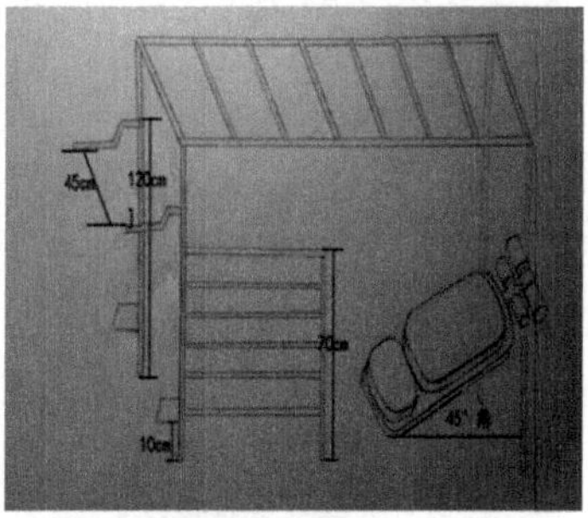

图 1－9　整体构造单面尺寸（后）

3. 组合训练器械区域构造设计说明

<u>云梯训练器</u>

动作示范见图 1－10。

图 1－10　云梯训练器动作示范图

• 主要功能：锻炼上肢肌肉力量，增强腰腹部的柔韧性；锻炼手腕、手肘、肩部的灵活性、抓握能力，以及肩部的承受力；提高幼儿的平衡能力和协调性。

• 锻炼方法：在正确地使用器械进行锻炼前，要进行适当的热身活动；沿侧面的脚梯爬上，双手握紧云梯横杠，单手依次交替前行，交替过程中手掌抓紧横杠。

• 注意事项：

①云梯是力量型器械，故不可过度热身。

②不可跳起抓握云梯，避免胳膊、肩部拉伤。

③每次仅限一人锻炼使用。

④使用时双手紧握，切勿滑落、跌下。

<u>攀爬梯训练器</u>

动作示范见图 1－11。

图 1－11　攀爬梯训练器动作示范图

• 主要功能：攀爬对于正在生长中的幼儿来说是正适合的运动方式，能调动全身的各个部分协调配合，增强手、脚及身体的综合力量，可以促进幼儿身体的协调性，使其反应更敏捷；锻炼幼儿的勇气和自信。

• 锻炼方法：在正确地使用器械进行锻炼前，要进行适当的热身活动；沿攀爬梯的底部爬上，脚要踩实、手握紧攀爬梯梯杠，向上攀爬。

• 注意事项：

①使用时双手紧握，脚要踏实，切勿滑落、跌下。

②要有大人陪同锻炼，才可攀爬到顶部。

③在爬下攀爬梯时，不可跳下或一次跨越多个梯杠。切记按攀爬上去的轨迹原路返回，避免跌落受伤。

④每次仅限一人使用。

转体训练器

动作示范见图1－12。

图1－12　转体训练器动作示范图

• 主要功能：增强腰腹部肌肉力量、柔韧性及协调性；提高腰腹斜肌的收缩舒张能力，巩固腰腹对身体的支撑力；增强身体的平衡力和髋、腿关节的灵活性。

• 锻炼方法：在正确地使用器械进行锻炼前，要进行适当的热身活动；手紧握扶手或上拉手把，脚踏在圆形脚踏器上，身体站直，向左向右反复进行转体运动。

• 注意事项：

①先紧握扶手或上拉手把再踩脚踏器，避免脚踏器转动导致重心失去平衡而受伤。

②在进行转体运动的时候，切忌动作幅度过大，造成关节肌肉扭伤。

③每次仅限一人使用。

屈臂撑训练器

动作示范见图1－13。

图1－13　屈臂撑训练器动作示范图

●主要功能：针对上身肌肉群进行锻炼，解决幼儿肌肉群较少、韧度低的问题，增加关节的稳定性和固定性，增粗肌肉纤维。

●锻炼方法：在正确地使用器械进行锻炼前，要进行适当的热身活动；先抓住扶手站在脚踏板上，双手分别握杠，两臂支撑在双杠上，抬头挺胸身体垂直，肘关节、膝关节弯曲，肩关节伸屈，身体逐渐下降，两臂用力撑起至还原。

●注意事项：

①先踩在脚踏板上，双手紧握臂杆，避免胳膊、肩部拉伤。

②初练者可以膝关节微屈，借助脚踏板完成练习。

③要有大人进行保护锻炼，避免受伤。

④每次仅限一人使用。

压腿训练器

动作示范见图1－14。

图1－14　压腿训练器动作示范图

●主要功能：牵拉韧带、增加柔韧性，促进幼儿骨骼发育；减少运动损伤的可能性，促进血液循环，增加髋关节、膝关节、踝关节的灵活性；提高神经系统、肌肉组织的协调性。

●锻炼方法：在正确地使用器械进行锻炼前，要进行适当的热身活动；双脚并拢站立，抬起一只脚，放在适合自己的压腿杠上，脚尖勾起，两腿伸直，上体前屈，向前向下做振压腿的动作，逐渐用力，然后换腿做。腿抬起后不要超过髋关节，两腿之间的角度以45°为宜。

●注意事项：

①根据身体的柔韧性选择下压的角度，避免拉伤。

②单腿站立时必须站稳，抓着扶手，避免摇晃跌倒。

③压腿动作宜缓慢，每次时间控制在4 min内。

④每次仅限一人使用。

45°腰腹训练器

动作示范见图1－15。

图1－15　45°腰腹训练器动作示范图

●主要功能：增加身体的协调性和控制力，对稳定身体有很重要的作用；锻炼腹肌，且对背部有较好的支撑作用，避免驼背等形态疾病，更好地保护腹腔内的脏器；可以拉伸背部肌肉、韧带和脊椎，起到调节中枢神经系统的作用。

●锻炼方法：先抓住手把，再将腿放在挡腿杠下，脚尖勾紧缓慢地躺在训练器上，头部朝下，双手放在两耳侧，起来时，也要先抓住手把，再将腿放下来。

●注意事项：

①在上、下训练器时，一定要抓紧扶手，避免受伤。

②训练时脚尖要勾紧，避免滑落碰伤。

③每次仅限一人使用。

引体向上训练器

动作示范见图1－16。

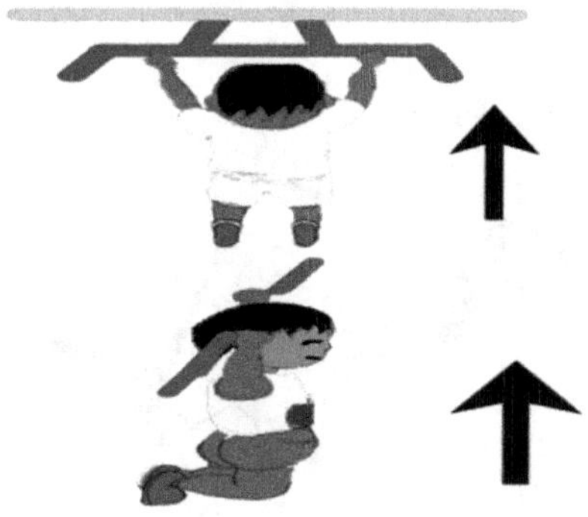

图1－16 引体向上训练器动作示范图

●主要功能：增加肩膀的宽度、臂膀的力量和腰部的力量；拉力对抗自身重力的过程中可以促进骨骼的缓慢生长，对长高有一定的帮助；对幼儿的脊柱健康有重要的影响，预防幼儿脊柱侧弯、驼背、含胸等不良体态。

●锻炼方法：先踩住脚梯，两手紧握（掌心向前）杠架，略宽于肩，两脚离地，两臂自然下垂伸直，弯曲膝关节，使身体略微后倾，将身体往上拉起，下巴超过单杠，再慢慢放下。重复练习。

●注意事项：

①切不可做到力竭，要量力而行，避免跌下摔伤。

②初练者可以膝关节微屈，借助脚踏板完成练习。

③要有大人保护锻炼或托腰向上推举辅助练习，避免受伤。

④每次仅限一人使用。

爬行训练器

动作示范见图 1－17。

图 1－17 爬行训练器动作示范图

● 主要功能：爬行可促进血液循环，锻炼多类肌肉群、核心肌群，增强器官的功能；矫正脊柱歪斜，丰富大、小脑之间的神经联系，促进脑的生长。

● 锻炼方法：将弹力腰带结实地缠在腰间，双腿弯曲，双手、双脚脚趾着地，脚趾轻微向前用力，身子略微前倾，四肢配合运动，爬到弹力带最大弹性限度，继续原地做爬行动作直至力竭，缓慢退回。

● 注意事项：

①爬行速度不可过快，力竭后缓慢退回，避免被回弹力弹伤。

②膝关节弯曲，不要接触地面，避免练习时间过长，膝关节损伤。

③弹力腰带要绑结扎实，避免在弹力最大时受伤。

（二）缤纷乐园

缤纷乐园占地 90m^2，可同时供 30 名左右的幼儿训练，是柔韧、力量、协调性及灵活性等多方面素质训练的健身示范园区。

1. 缤纷乐园场地设计要素

（1）出入口。设计方案中多数为大型的素质锻炼器械，场地面积较大，设计三个出入口（图 1－18），分别在矩形场地中心部的上下两侧和乐园赛道的起点处，

在门口放上标牌，配上“快乐运动，乐在其中”的运动标语。(图 1－19)

（2）地面。两种选择方案：第一种铺设塑胶材质的地面；第二种铺设果岭草的草坪地面。(图 1－20 至图 1－23)

（3）边界。在边界绿化带的设计上，选用一些较高的绿色植物，形成一组绿化墙，与学校其他设施场所分离出来，绿化环境，整齐划一。(图 1－24、图 1－25)

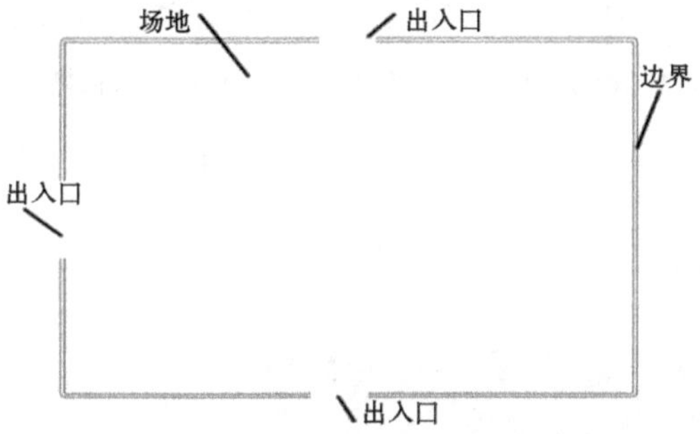

图 1－18 场地出入口设计

图 1－19 运动标语标牌

图 1－20 塑胶地面

图 1－21 塑胶跑道田径场

图 1－22 果岭草皮

图 1－23　果岭草皮足球场

图 1－24　训练场绿化实景

图 1－25　训练场绿化墙

2. 缤纷乐园整体设计

（1）整体设计效果图见图 1－26 至图 1－28。

图 1－26　缤纷乐园整体设计效果图

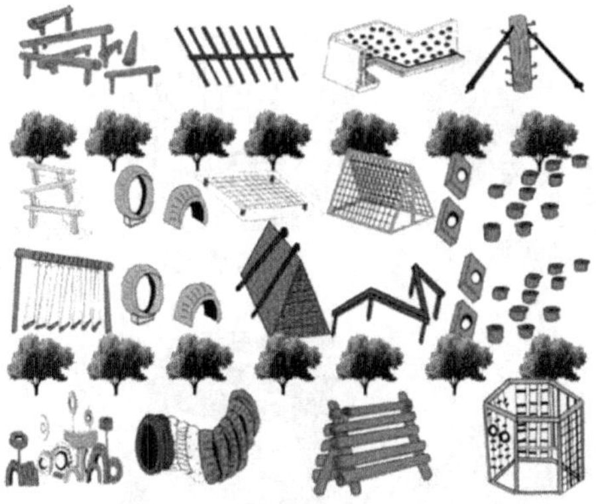

图 1－27　缤纷乐园整体效果图

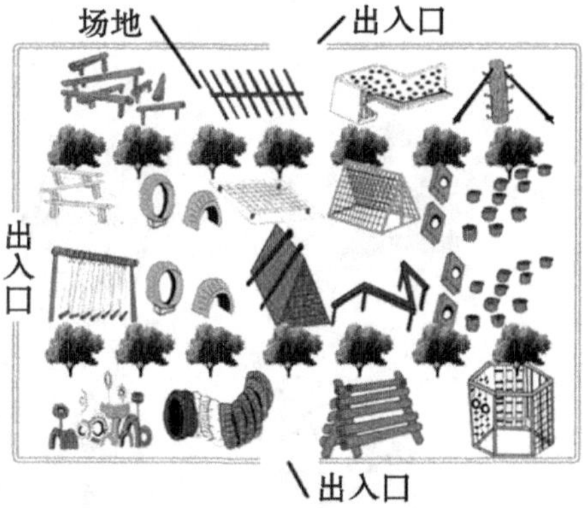

图 1－28　缤纷乐园效果图

（2）素质训练功能区域设计说明。

素质游乐场主要由高低平衡木、单脚阶梯、折角攀岩墙、攀爬木绳桩、缤纷轮胎群、轮胎隧道、攀爬木梯、多功能攀爬器 8 个辅助训练器械组成。素质游乐场辅助训练器械介绍见表 1－2，素质游乐场辅助训练器械示意图如图 1－29 所示。

表 1－2　素质游乐场辅助训练器械介绍

项目	内容
颜色	蓝色、绿色、红色、橙色、黄色
主要功能	增强幼儿的身体素质，增粗肌肉纤维，提高肌肉力量，对幼儿的骨骼起到很好的保护作用；改进幼儿的身体平衡能力和协调能力，提高身体的灵活性；增强心肺功能，提高幼儿的肌肉耐力
注意事项	使用本辅助训练器械前，由幼师带领幼儿先做拉伸热身；初步锻炼时，速度不可过快，配备防滑的训练鞋进行训练；要循序渐进，不要过度使用

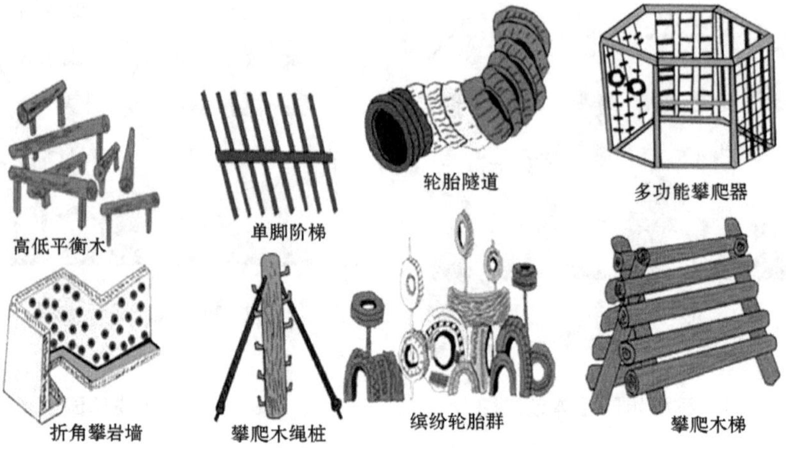

图 1－29　素质游乐场辅助训练器械示意图

3. 辅助训练器械使用说明书

<u>高低平衡木训练器</u>

动作示范见图 1－30。

图 1－30　高低平衡木训练器动作示范图

● 主要功能：锻炼身体平衡性和协调性，提高身体灵活性。

● 锻炼方法：双脚在平衡木上站稳，身体尽量控制平衡，沿平衡木行走。

● 注意事项：

①幼儿在锻炼时，需大人或教师陪同。

②不可光脚或穿较滑鞋底的鞋子。

③每次最多两名幼儿同时使用训练。

④不可从高处跳落至地面。

单脚阶梯训练器

动作示范见图1－31。

图1－31　单脚阶梯训练器动作示范图

● 主要功能：锻炼身体协调性、灵活性；增强心肺功能；提高腿部的爆发力和肌肉力量。

● 锻炼方法：单脚前脚掌着地，沿中间的主线，呈Z字形向前移动，抬起的脚在跳跃中途不可着地，直至完成全部阶梯训练。

● 注意事项：

①不可穿紧身或者裤脚、裆部较长的裤子。

②必须完成左右两侧两次跳跃，才能向前移动，并按照每节阶梯的顺序进行训练。

③每次最多两名幼儿同时训练。一名幼儿完成阶梯一半数量以上，另一名幼儿才可从起始位置进行锻炼。

折角攀岩墙训练器

动作示范见图 1－32。

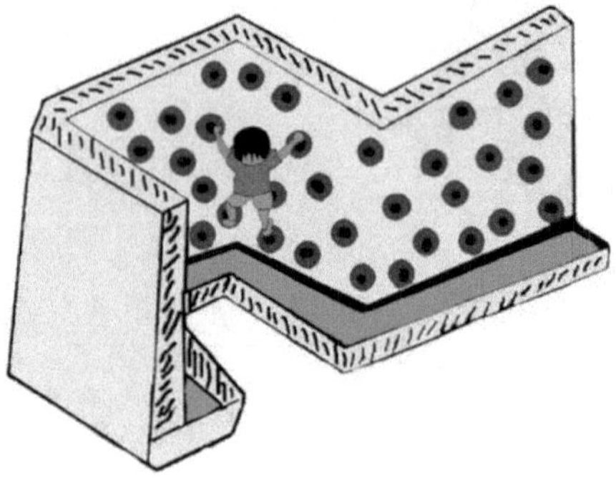

图 1－32　折角攀岩墙训练器动作示范图

● 主要功能：增加身体的柔韧度、协调性与平衡性；提高肌肉力量和耐力；增强心肺功能。

● 锻炼方法：双手紧握攀岩墙上的握点，脚踏在自己选取的踏点上，进行横向或者纵向的攀爬移动。

● 注意事项：

①必须在家长或教师的陪同下训练。

②每次攀登移动，都要先紧握攀岩墙上的握点或者踩实脚踏点。

③初练者不可一次跨越多个攀爬点进行攀爬。

④每次限两名幼儿同时使用。

攀爬木绳桩训练器

动作示范见图 1－33。

图 1－33　攀爬木绳桩训练器动作示范图

● 主要功能：锻炼抓握能力和上肢肌肉力量；改善身体协调性和柔韧性。

● 锻炼方法：双手抓紧绳索或把手，一只脚踩在横梯上，踏实后另一只脚上去。身体向上攀爬移动到顶端，再环绕到另一端，逐梯向下移动。也可沿绳索向上攀爬，方法相同。

● 注意事项：

①必须在家长或教师的陪同下训练。

②不可穿紧身或者裤脚、裆部较长的裤子。

③不可光脚或穿较滑鞋底的鞋子。

④不可从高处跳落至地面。

轮胎隧道训练器

动作示范见图1－34。

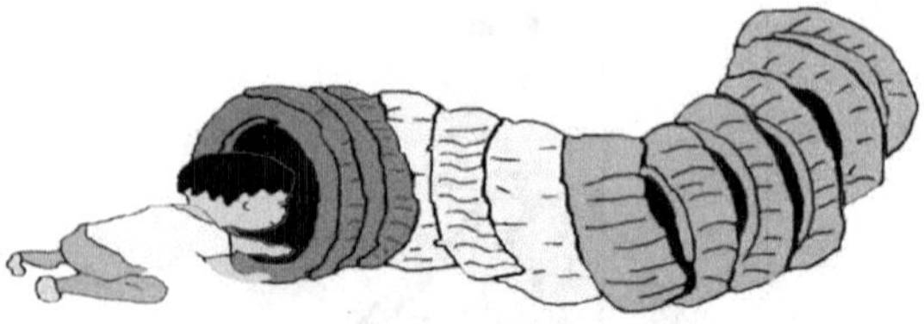

图1－34　轮胎隧道训练器动作示范图

● 主要功能：锻炼手臂和腿的屈伸力量，从而增强肌肉力量和耐力；提高身体灵活性和协调性。

● 锻炼方法：身体贴近地面，用手臂和腿发力向前爬行，手脚反侧运动。依次交替向前爬行。

● 注意事项：

①每次仅限一名幼儿训练。

②不可在隧道内变向或后退，必须从另一头的出口爬出。

③在隧道内不可站立，身体要放低，不可抬头，避免摩擦头部受伤。

多功能攀爬训练器

动作示范见图1－35。

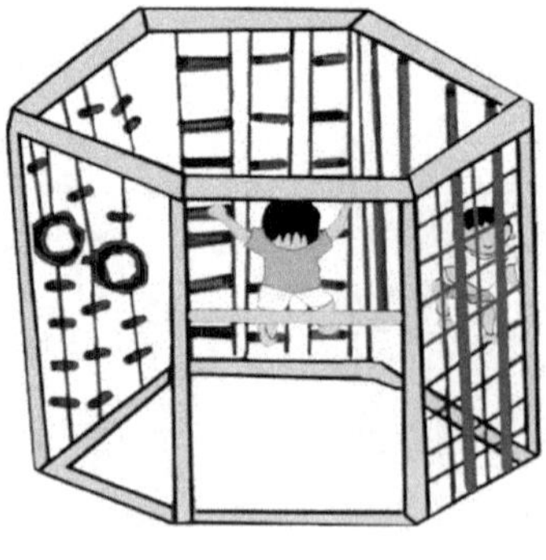

图1－35　多功能攀爬训练器动作示范图

• 主要功能：锻炼上肢肌肉力量和耐力；锻炼手指和前臂的抓握能力；增强心肺功能；改善幼儿的身体协调性、灵活性及柔韧性。

• 锻炼方法：使用本器械中的任何一种进行训练时，都要先将手指抓握紧实以后再抬腿攀爬，要一层层向上攀爬移动。

• 注意事项：

①必须在家长或教师的陪同下训练。

②不可从高处跳落至地面。

③每次最多三名幼儿同时训练。

缤纷轮胎群训练器

动作示范见图1－36。

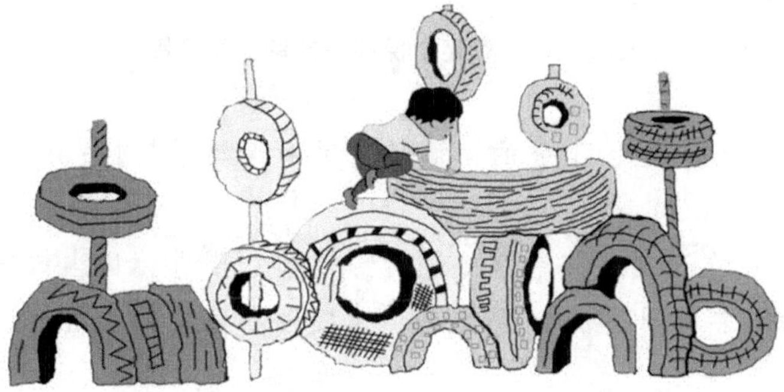

图1－36　缤纷轮胎群训练器动作示范图

• 主要功能：锻炼全身的肌肉力量、肌肉耐力；增强心肺功能；提高身体协调性、柔韧性和灵活性。

• 锻炼方法：使用本器械中的任何一种进行训练时，都要双手先抓紧中杆、轮胎的边缘处或者脚踩实在轮胎上，再进行攀爬或钻越、跳跃训练。

• 注意事项：

①必须在家长或教师的陪同下训练。

②不可穿紧身或者裤脚、裆部较长的裤子。

③不可光脚或穿较滑鞋底的鞋子。

④不可从高处跳落至地面。

攀爬木梯训练器

动作示范见图1－37。

图1－37　攀爬木梯训练器动作示范图

• 主要功能：锻炼上、下肢的协调性、灵活性及柔韧性；锻炼上肢肌肉力量和抓握能力。

• 锻炼方法：在正确地使用器械进行锻炼前，要进行适当的热身活动；先屈腿向上移动，脚下踩实木桩后，再伸手去抓握较高位置的木桩，要一层层交替向上攀爬移动。

• 注意事项：

①必须在家长或教师的陪同下训练。

②不可穿紧身或者裤脚、裆部较长的裤子。

③不可光脚或穿较滑鞋底的鞋子。

④不可从高处跳落至地面。

4. 乐园赛道介绍

乐园赛道有两条素质赛道，用于检测幼儿素质水平的高低和辅助器械区训练成果。此赛道具有多种训练方式，既能用于检测和比赛，也能用于单独或组合素质练习。乐园赛道见图1－38，乐园赛道1号赛道器械介绍见表1－3，2号赛道器械介绍见表1－4。

图1－38　乐园赛道示意图

表1－3　乐园赛道1号赛道器械介绍

项目	内容
颜色	红色、灰色、紫色、绿色
适用年龄	3～6岁
器械组成	平衡荡桥、轮胎山羊、斜坡爬绳墙、曲线平衡木、钻越墙、梅花桩
主要功能	增强幼儿肌肉力量和耐力；锻炼幼儿的身体平衡性、协调性，提高幼儿的灵活性；锻炼幼儿心肺功能
注意事项	在比赛之前，先要活动开手腕、脚腕，避免在比赛中受伤

表 1－4　乐园赛道 2 号赛道器械介绍

项目	内容
颜色	浅绿色、灰色、黄色、蓝色、紫色、绿色
适用年龄	3～6 岁
器械组成	Z 字形平衡桥、轮胎山羊、低网匍匐、攀爬网墙、钻越墙、梅花桩
主要功能	锻炼幼儿的身体素质及身体的灵活性；改进幼儿的协调性和平衡性；锻炼幼儿的上肢肌肉力量和耐力，以及抓握能力；增粗肌肉纤维，对幼儿的骨骼起到很好的保护作用；增强心肺功能
注意事项	比赛之前，先要热身，活动手腕、脚腕，避免在比赛中受伤

乐园赛道 1 号、2 号赛道分别见图 1－39、图 1－40。

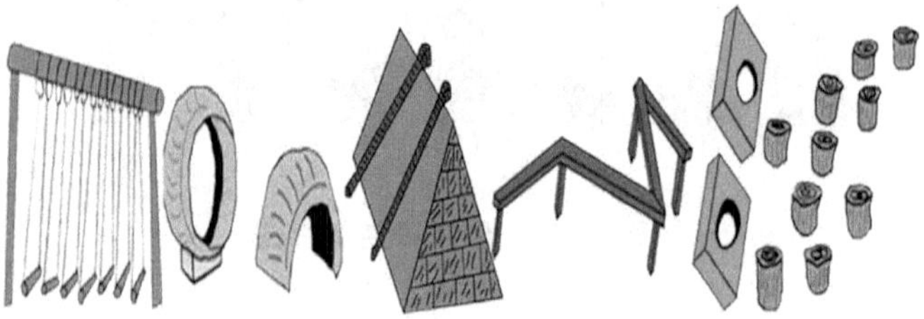

图 1－39　乐园赛道 1 号赛道示意图

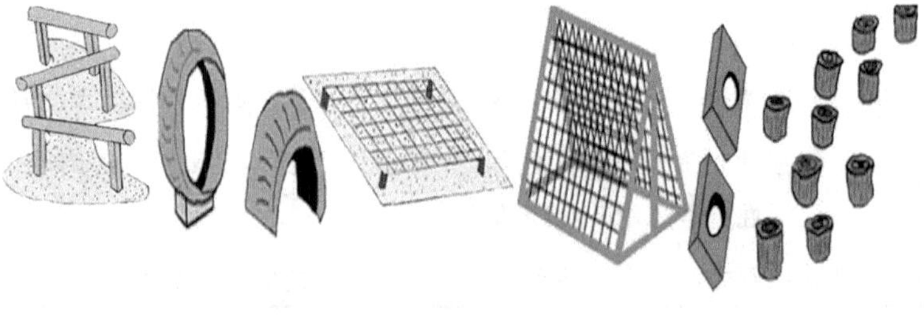

图 1－40　乐园赛道 2 号赛道示意图

乐园赛道 1 号赛道器械说明书

动作示范见图 1－41。

图 1－41　乐园赛道 1 号赛道器械动作示范图

比赛流程：平衡荡桥—轮胎山羊—斜坡爬绳墙—曲线平衡木—钻越墙—梅花桩。

比赛规则：通过平衡荡桥的所有横木；完成轮胎山羊高低两次跳越；抓住斜坡爬绳墙的任意一根绳索攀越过墙体；直身走过曲线平衡木；跨过较低钻越墙，然后返回爬过较高钻越墙；直身走过所有梅花桩则为完成比赛。中途掉落者，需返回当前掉落器械的始端，继续进行比赛。可以将用时长短及通过的熟练程度，作为判断身体素质的标准。

● 注意事项：

①必须在家长或教师的陪同下训练。

②不可穿紧身或者裤脚、裆部较长的裤子。

③不可光脚或穿较滑鞋底的鞋子。

注：也可单独使用每个训练器械。

乐园赛道2号赛道器械使用说明书

动作示范见图1-42。

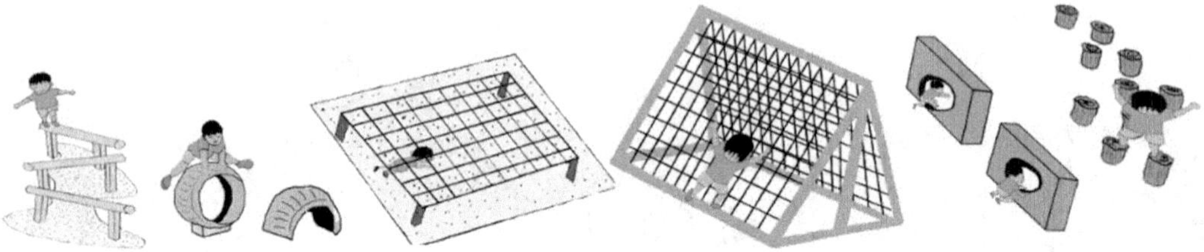

图1-42　乐园赛道2号赛道器械动作示范图

比赛流程：Z字形平衡桥—轮胎山羊—低网匍匐—攀爬网墙—钻越墙—梅花桩。

比赛规则：按照Z字形平衡桥的横木指向，直身通过3根平衡木；完成轮胎山羊高低两次跳越；匍匐前进，爬到低网正对面，才可爬出低网；攀爬到网墙最高点并越过网墙；跨过较低钻越墙，然后返回爬过较高钻越墙；直身走过所有梅花桩则为完成比赛。中途掉落者，需返回当前掉落器械的始端，方可继续比赛。可以将用时长短及通过的熟练程度，作为判断身体素质的标准。

- 注意事项：

①必须在家长或教师的陪同下训练。

②不可穿紧身或者裤脚、裆部较长的裤子。

③不可光脚或穿较滑鞋底的鞋子。

④不可从高处跳落至地面。

注：也可单独使用每个训练器械。

（三）小特工训练营

小特工训练营分为 A、B、C 三块区域，具有多元化、综合性较强的特点。针对幼儿现阶段身体发育、心理发育的需求，设计锻炼方法和矫正手段。

（1）素质性训练基地（图 1－43 中标记为 A 区），占地面积在 $40m^2$，主要由 6 个素质训练器械组成。

（2）力量性训练基地（图 1－43 中标记为 B 区），占地面积较小，为 $12m^2$ 左右，是由 5 种自重力量型器械组合而成的多功能组合器械区。

（3）运动矫正训练基地（图中标记为 C 区），地面铺垫细白沙，占地面积 $65m^2$ 左右，其中包括了沙滩排球场、双向桥和 S 形曲线路 3 个训练部分，设有沙滩排球、双向内八踢、双向外八踢、倒退行走、滚轮胎 5 种训练手段。

1. 小特工训练营场地设计要素

（1）出入口。由于本设计方案有三个训练部分，综合性较强，又具有不同的训练方法，为了保证幼儿训练的方便性和流畅性，在场地出入口的设计方面，设计了 5 个外门、4 个内门（图 1－43）。门口配有“玩出健康”运动标语的标牌。（图 1－44）

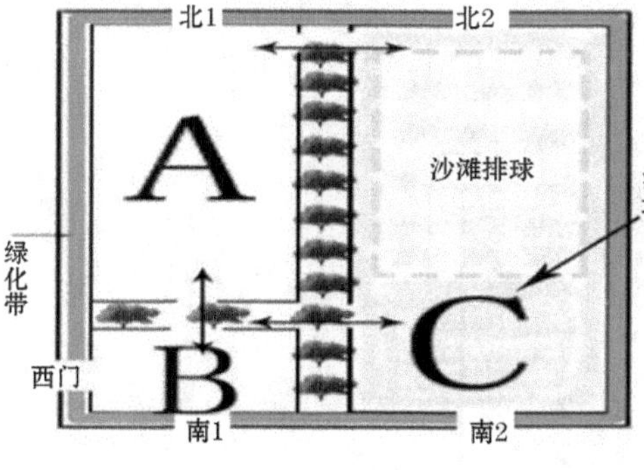

图 1－43　场地出入口设计

图 1－44　运动标语标牌

（2）地面。根据小特工训练营训练方式的多样性，地面采用两种不同的设计。

A 区和 B 区采用塑胶材质，它由聚氨酯预聚体、混合聚醚、废轮胎橡胶、EPDM 橡胶粒或 PU 颗粒、颜料、助剂、填料组成。

C 区采用细白沙铺垫（图 1－45）。白沙又称为精制石英砂，是一种质地坚硬、耐磨、化学性质稳定的硅酸盐类矿物。

（3）边界。在边界绿化带的设计上，选用一些中等的绿色植物，形成一组绿化墙，将小特工训练营围起来，训练区域之间用较高的树木分隔开，绿色植物给人以温暖、舒服和柔和的感觉，使得训练营的环境更加洁净。

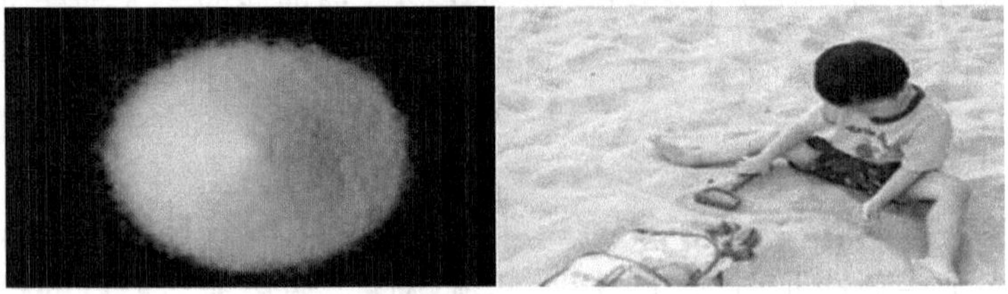

图 1－45　白沙沙滩

2. **小特工训练营功能区域设计说明**

小特工训练营场地尺寸、设计效果见图 1－46 至图 1－48。

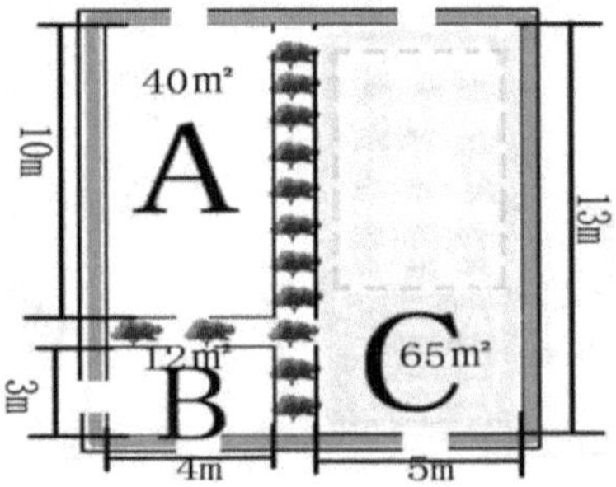

图 1－46　小特工训练营场地尺寸图

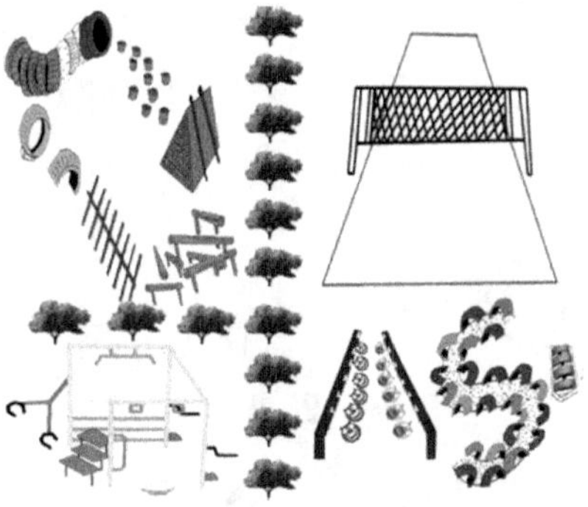

图 1－47　设计效果图

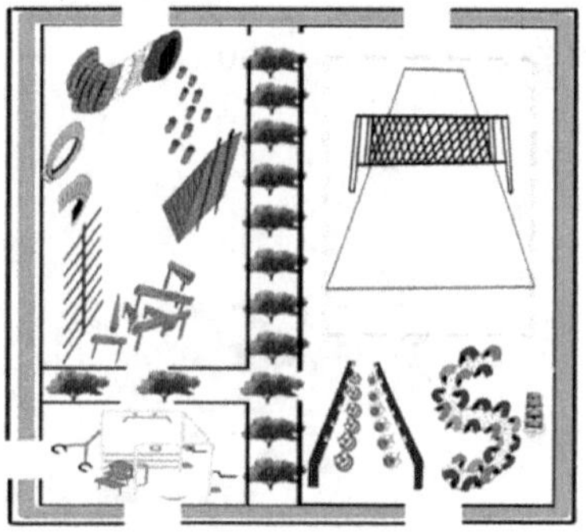

图 1－48　场地效果图

（1）素质性训练基地介绍。

素质训练器械介绍见表 1－5，示意图见图 1－49。

表 1－5　素质训练器械介绍

项目	内容
颜色	红色、浅绿色、灰色、黄色、蓝色、紫色、绿色
适用年龄	3～6 岁
器械组成	单脚阶梯、轮胎山羊、斜坡爬绳墙、高低平衡木、梅花桩、轮胎隧道
主要功能	锻炼手臂和腿的屈伸力量，从而增强肌肉力量和耐力；提高身体灵活性和协调性；锻炼幼儿的身体协调性，灵活性；提高幼儿腿部和上肢肌肉的爆发力；增强心肺功能

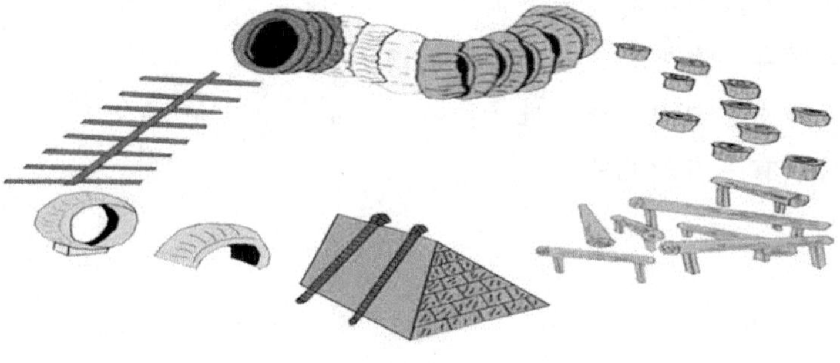

图 1－49　素质性训练器械示意图

素质性器械使用说明书

动作示范见图1－50。

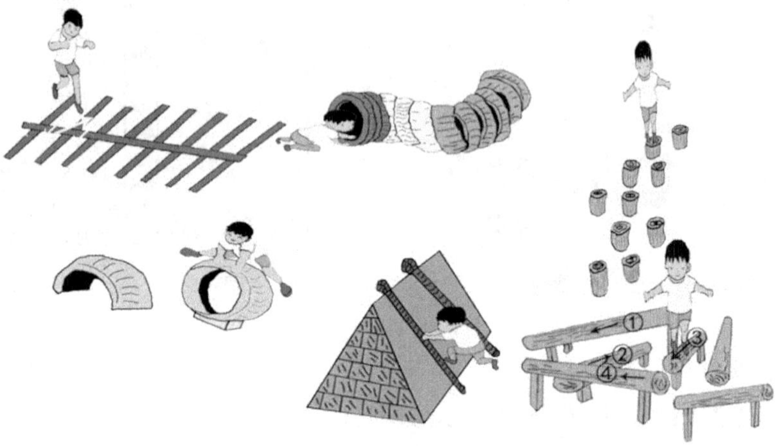

图1－50　素质性器械动作示范图

训练流程：单脚阶梯—轮胎隧道—梅花桩—高低平衡木—斜坡爬绳墙—轮胎山羊。

训练规则：单脚直身跳完所有阶梯，运动轨迹呈Z字形；钻爬过轮胎隧道；直身走过所有梅花桩；按照箭头指向和编号顺序，直身通过四根红色平衡木；抓住斜坡爬绳墙的任意一根绳索攀越过墙体；完成轮胎山羊高低两次跳跃则为完成比赛。

- 注意事项：

①必须在家长或教师的陪同下训练。

②不可穿紧身或者裤脚、裆部较长的裤子。

③不可光脚或穿较滑鞋底的鞋子。

④每次只能有一名幼儿使用。

（2）力量性训练基地介绍。

力量性训练器械介绍见表1－6，示意图及单面尺寸分别见图1－51至图1－53。

表1－6　力量性训练器械介绍

项目	内容
规格	50cm×50cm×140cm
材质	钢铁、弹力绳
颜色	蓝色、绿色、红色、黄色、黑色、橙色
适用人群	3～6岁幼儿
功能划分	力量、爆发力、耐力、柔韧度、协调性、弹跳
器械组成	爬行弹力带、跳阶、转体训练器、屈臂撑、引体向上架

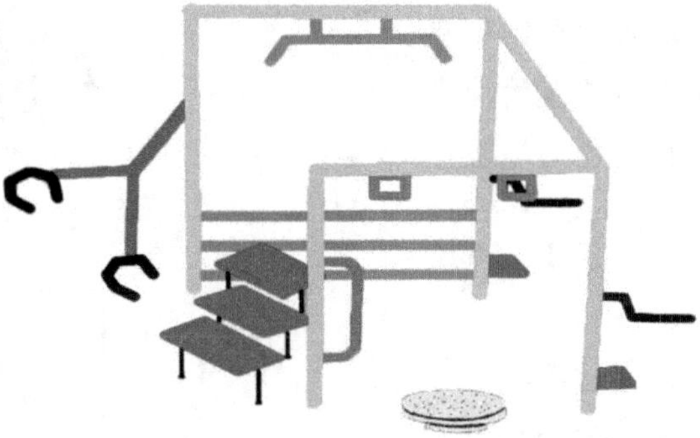

图1－51　力量性训练器械示意图

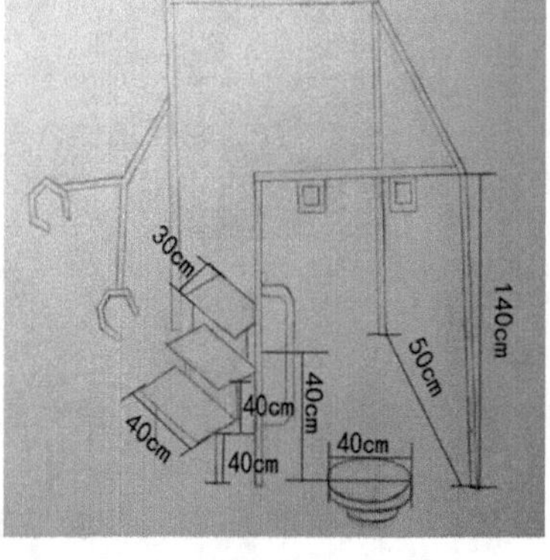

图1－52　器械单面尺寸（正）

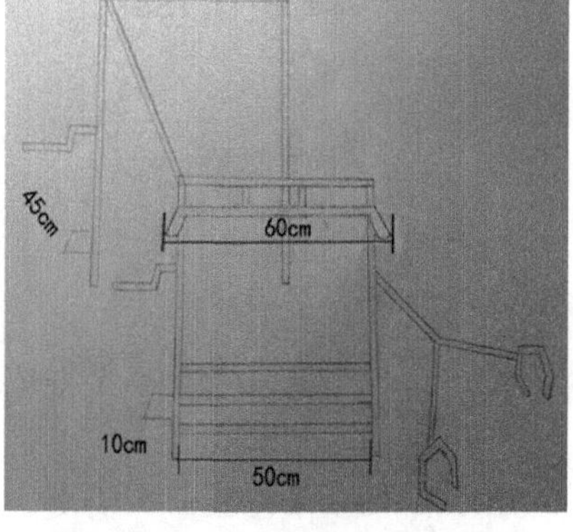

图1－53　器械单面尺寸（反）

力量性训练器械

名称：爬行弹力带（图 1－54）

动作要领：

①双腿弯曲，双手、双脚脚趾着地。

②脚趾轻微向前用力，身子略微前倾。

③爬到弹力带最大弹性限度。

④继续原地做爬行动作直至力竭。

图 1－54　爬行弹力带示意图

名称：跳阶（图 1－55）

动作要领：

①两脚分立，与肩同宽。

②向身后摆臂，尽可能向高处跳。

③屈膝下落，减少对膝盖的冲击。

④躯干和头部保持直立的姿势。

图 1－55　跳阶示意图

名称：转体训练器（图 1－56）

动作要领：

①手要紧握扶手或上拉手把。

②脚踩在圆盘上时，重心要稳。

③躯干和头部保持直立的姿势。

④转动角度不可大于 180°。

图 1－56　转体训练器示意图

名称：屈臂撑（图 1－57）

动作要领：

①双手握紧扶手的中间部。

②初练者身体重心下落速度要慢。

③肘、膝关节微屈，减少压力。

④躯干和头部保持直立的姿势。

图 1－57　屈臂撑示意图

名称：引体向上架（图1-58）

动作要领：

①双手紧握杠架，掌心向前。

②握距略宽于肩。

③肘关节微屈，减少压力。

④躯干和头部保持直立的姿势。

图1-58　引体向上架

（3）运动矫正训练基地介绍。

本训练方案将X形腿、O形腿及平足三种幼儿常见的畸形疾病作为需主要解决的问题，将沙地训练、过渡矫正等训练手段融入体育游戏中，在幼儿做游戏的过程中达到预防、缓解、矫正这些畸形疾病的训练目的。运动矫正训练器械介绍见表1-7。

表1-7　运动矫正训练器械介绍

项目	内容
颜色	蓝色、紫色、红色、黄色、黑色、橙色
适用年龄	3~6岁
器械组成	沙滩排球、双向桥、S形曲线路
锻炼手段	沙地排球、沙地倒行、双向桥推轮胎、双向桥内侧踢吊球、沙地外侧踢吊球
主要功能	锻炼脚部肌肉、韧带，增加脚部的弹性、灵敏性，促进脚部的血液循环，降低足部畸形的发生率，降低脚部压力，缓解疲劳感，逐步改善塌陷足弓；增强大腿内侧群肌肉的力量，改善膝关节应力分布不平衡的状态，恢复膝关节内外侧的稳定性；锻炼腰肌，减少腰部疾病，预防驼背

沙滩排球、双向桥、S 形曲线路示意分别见图 1－59 至图 1－61。

图 1－59　沙滩排球示意图

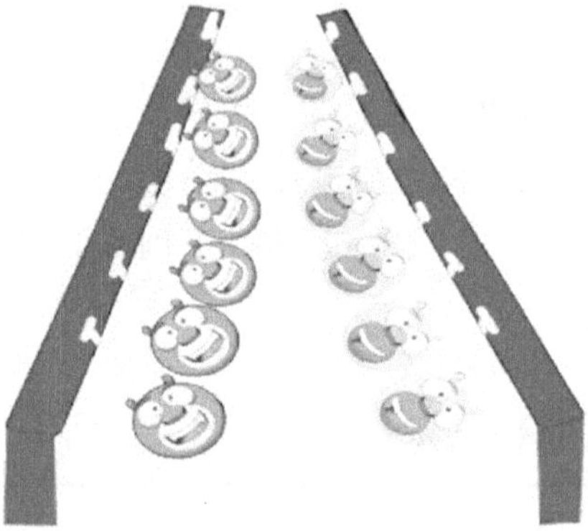

图 1－60　双向桥示意图

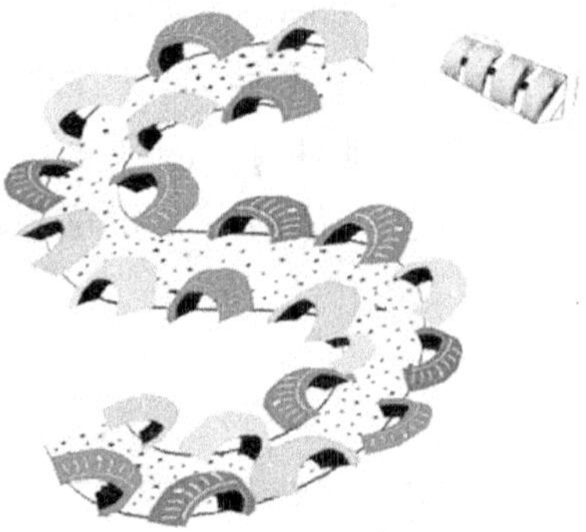

图 1－61　S 形曲线路示意图

运动矫正器械

名称：双向桥内踢吊球（图 1－62）

矫正疾病：X 形腿

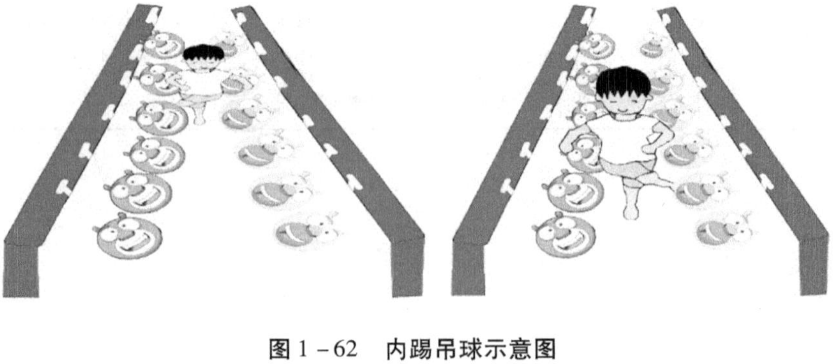

图 1－62　内踢吊球示意图

• 锻炼方法：以双向桥的一端为起点，左脚踢右边的卡通吊球，右脚踢左边的卡通吊球。两侧都踢到吊球后，再向前移动，继续重复上述动作；将吊球踢起的高度越高，训练效果越好，在整个训练过程中，躯干和头部保持直立状态。

名称：双向桥外踢吊球（图 1－63）

矫正疾病：O 形腿

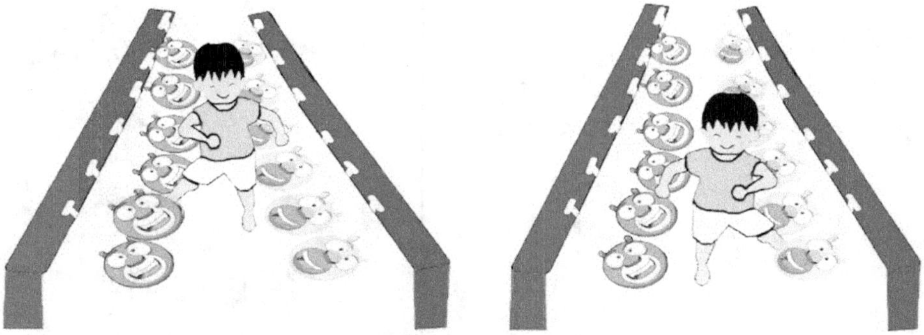

图 1－63 外踢吊球

• 锻炼方法：以双向桥的一端为起点，左脚向外踢同侧的卡通吊球，右脚向外踢同侧的卡通吊球，并且要用脚尖的中点触碰吊球，方为合格。两侧都踢到吊球后，再向前移动，继续重复上述动作；将吊球踢起的高度越高，训练效果越好，在整个训练过程中，躯干和头部保持直立状态。

名称：倒行 S 形曲线路（图 1－64）

• 锻炼要领：

①脚尖先着地，脚跟后着地。

②腰部始终保持直立状态。

③抬头、挺胸、收腹、提臀。

图 1－64 S 形曲线路

④身体重心向后移动。

• 锻炼功能：

锻炼腰肌，矫正腰部不良姿势；锻炼身体平衡能力和协调性；使脊柱、肩部更加挺拔，预防佝偻病、含胸、驼背。

名称：推轮胎（图1－65）

• 锻炼要领：

①步幅不要过快，不能超过轮胎。

②掌握好推行力度，手不要离开轮胎。

③头部保持直立状态，眼睛看向前方。

④身体重心保持前倾。

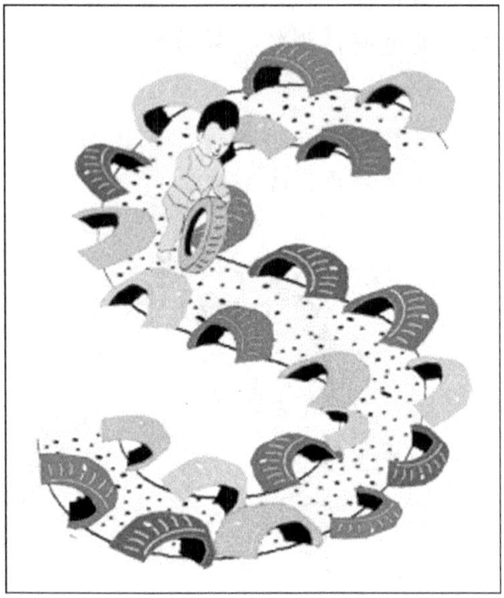

图1－65　推轮胎

• 锻炼功能：

锻炼眼、手、腿的协调能力及平衡性；锻炼脚部肌肉、韧带，增加脚部的弹性、灵敏度，促进脚部的血液循环。

三、方案设计的可行性分析

幼儿园室外健身方案设计完成后，为了验证方案设计的合理性，制定了专家评价表，并以邮件的形式将评价表呈送给20名专家进行合理性评价。表1－8中设计了安全性、可操作性、多样性、针对性和趣味性5个评价指标，各占20%，每位专家对单项内容的评价占1%。其中有8名体育方向的专家（占全部专家比重的40%）、8名从事幼儿教育工作者（占全部专家比重的40%）、4名规划设计类专家（占全部专家比重的20%）。幼儿园室外健身方案设计评价如下。

（一）专家评价态度

由表1－8可见，认为方案非常合理的专家占7%、合理的占80%、一般的占11%、不合理的占2%。专家在设计多样性方面给予了肯定，认为具有一定针对性和趣味性，设计较为合理，具有一定可行性。但也有专家在设计安全性方面提出质疑，建议完善训练器械保护措施。

表 1－8　方案一：超人训练基地评价表

评价内容/等级	非常合理	合理	一般	不合理
安全性	0	15	3	2
可操作性	0	16	4	0
多样性	3	17	0	0
针对性	2	16	2	0
趣味性	2	16	2	0

由表 1－9 可见，认为方案非常合理的专家占 15%，合理的占 76%，一般的占 9%，没有认为不合理的。专家认为方案二符合多样性、趣味性的设计要求，设计合理，具有可行性。有专家建议，可以在原赛道设计理念的基础上，将两条赛道的功能合并，以更好地利用资源，解决针对性问题。

表 1－9　方案二：缤纷乐园评价表

评价内容/等级	非常合理	合理	一般	不合理
安全性	0	15	5	0
可操作性	4	14	2	0
多样性	3	17	0	0
针对性	3	15	2	0
趣味性	5	15	0	0

在表 1－10 中，专家对方案三整体设计内容给予了高度肯定，认为方案非常合理的专家占 19%，合理的占 77%，一般的占 4%，没有认为不合理的。专家均认为方案较为合理，设计理念符合创新性原则。但方案仍需完善，不足之处在于力量性训练器械安全性缺乏保障。

表 1－10 方案三：小特工训练营评价表

评价内容/等级	非常合理	合理	一般	不合理
安全性	2	14	4	0
可操作性	3	17	0	0
多样性	4	16	0	0
针对性	3	17	0	0
趣味性	7	13	0	0

（二）专家意见或建议

7 位专家对本研究幼儿园室外健身方案设计给出了客观评价，值得肯定的地方有：方案中器械的设计考虑到了幼儿的生理特点；器材色彩性设计符合幼儿的心理特征；丰富的色彩和多样的游戏风格，提高了训练的趣味性；设计理念具有创新性，方案形式多元化、可选取，方式灵活，符合解决占地面积小，资源最大化，训练方法具有多样性、趣味性、针对性的设计初衷。对方案三的设计给予高度肯定，但对力量性训练的安全性因素提出如下建议。

（1）3～6 岁的幼儿进行力量性训练器材锻炼时，缺乏安全保障，方案二、方案三更加适合幼儿使用。

（2）材料的选取上尽量多采用保护性较高的材料，如力量性训练器械可选用橡胶防护，多借鉴游乐设施的安全防护措施。

（3）建议多设计体育游戏与运动干预或运动处方相结合的训练方法，力量练习适量，不提倡过多使用。

（4）方案设计中，只设计了器械使用说明，缺乏对方案使用者的建议和对方案整体建设的可行性建议。

四、幼儿园室外健身方案改进设计

（一）方案一：超人培训基地改进

（1）根据专家意见，针对方案一中力量训练器械存在的安全性问题，做出了相应改进。在训练器械的外围，增设一个长 350cm，宽 70cm，高 30cm 的保护区域，采用塑料材质，保护区域内填充儿童海洋球作为训练器械的保护措施，见图1－66、图1－67。

（2）由于爬行训练器械对地面硬度要求较高，无法选用海洋球保护，所以对爬行训练器械做出单独设计，留在海洋球保护区域外，并做出示意图，见图1－68至图1－70。

图1－66　塑料边框

图1－67　海洋球

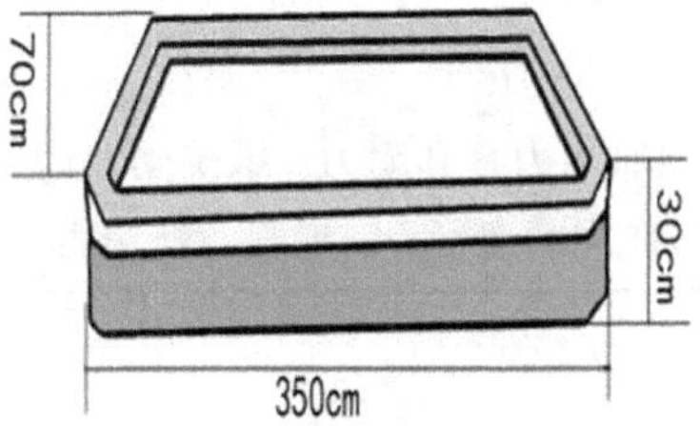

图1－68　保护框尺寸图

图1－69　海洋球保护框填充

图1－70　力量训练器械改进图

（二）方案二：乐园赛道补充设计

根据专家组意见，对乐园赛道的训练功能做了一个补充设计，此补充设计为单项训练赛道，改变原本的比赛形式，将两人同时竞赛机制改为单次计时竞赛机制，赛道中的每个器械也可单独使用。设计优点是让本赛道在有限的场地内，具备更多的训练功能，更具针对性。改进后的素质训练器械介绍见表1－11，改进图见图1－71。

表1－11　素质训练器械介绍

项目	内容
颜色	红色、浅绿色、灰色、黄色、蓝色、紫色、绿色
适用年龄	3～6岁
器械组成	Z字形平衡桥、高低平衡木、梅花桩、钻越墙、低网匍匐、轮胎山羊、轮胎隧道、折线桥、平衡荡桥
主要功能	锻炼手臂和腿的屈伸力量，从而增强肌肉力量和耐力；锻炼幼儿的身体协调性、灵活性；提高幼儿腿部和上肢肌肉的爆发力；增强心肺功能

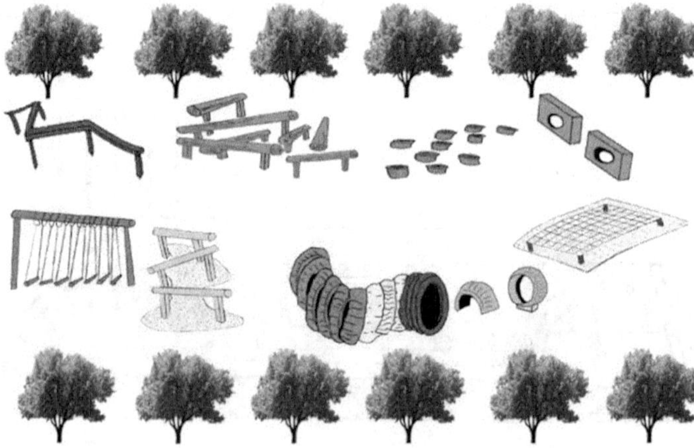

图1－71　乐园赛道改进图

（三）方案三：力量性训练基地器械改进

根据专家组意见，对力量性器械的引体向上训练进行了安全性的改进设计。在引体向上杆的正中心，加入保护索，增加训练的安全性。改进后示意图如图 1－72、图 1－73 所示。

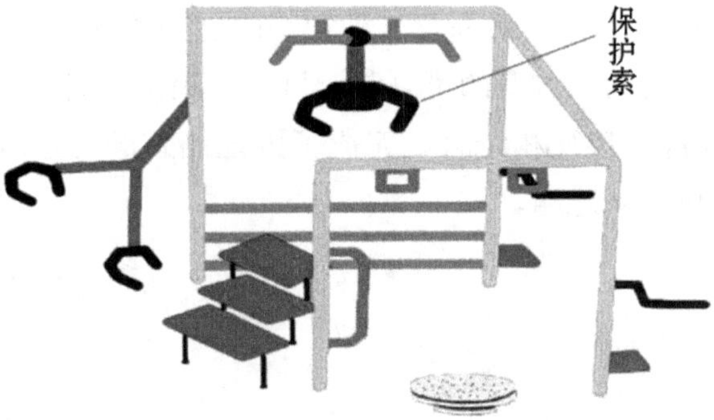

图 1－72　自重训练器改进图

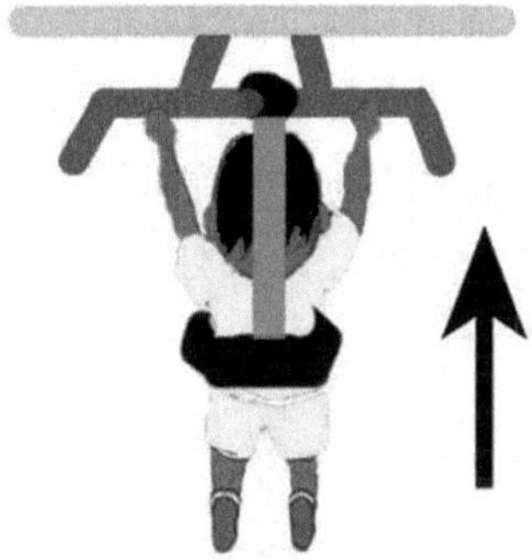

图 1－73　引体向上示意图

（四）可行性建议

（1）建议幼儿园对照本研究方案的要点进行调查统计，并根据自身条件及幼儿园内幼儿的身体锻炼需求，选取适合自己幼儿园的示范园区建设和健身设计方案。

（2）在训练器械尺寸设计中，考虑到幼儿生理特性做出了相应改进，但由于专业方向、经济条件等客观因素限制，设计缺乏实践性。在器械制造时，建议请教器械制造商，参考正规尺寸，进行比例缩放改进。

（3）建议幼儿园相关人员，优先体验方案中的训练器械及方法，并进行基础体育知识普及，提高器械使用的正确率，加大引导力度，达到幼儿科学健身的目的。

结论

（1）将身体素质与身体功能训练融入“示范园区”的设计方案中，为其方案的可借鉴性提供思路。

（2）通过超人训练基地、缤纷乐园、小特工训练营三种训练园区的总体设计，构建了幼儿园室外健身活动的功能模块，为其方案的可复制、可推广提供依据。

（3）将幼儿园户外设计和幼儿园自身特征相结合，完成了因地制宜的可选取方案设计，为幼儿园户外设计研究提供了新思路。

专题二

室外体质健康锻炼示范园地建设方案研究

——以初中生为例

研究目的与意义

一、研究目的

（1）分析示范园地设计的空间布局和整体规划，为中学建立室外体质健康锻炼示范园地方案设计提供参考。

（2）从基本要素、空间形式、器材设施、安全性等方面论述了室外体质健康锻炼示范园地的构成。

（3）构建可复制、可推广的中学室外体质健康锻炼示范园地的建设方案。

二、研究意义

（1）旨在探寻适合的且对中学示范园地的整体规划和布局设计具有推广意义的方案。

（2）为室外体质健康锻炼示范园地场地设计提供启发和借鉴。

研究对象与方法

一、研究对象

以中学生室外体质健康锻炼示范园地建设为研究对象。

二、研究方法

（一）文献资料法

通过中国期刊数据库 CNKI 等网络检索手段，查阅并收集了相关的各类文件，并且大量阅读与本研究有关的期刊和文献，就目前的文献研究现状进行分析与总结，为本研究论文的撰写奠定了理论基础。

（二）问卷调查法

1. 问卷的设计

首先，在确定研究内容和研究对象之后，认真对研究内容进行分析。其次，在编制问卷的过程中不断进行修改，形成问卷的终稿。

2. 确定调查样本

调查南开中学、实验中学、新华中学、耀华中学、天津一中体育与健康专业的相关专家共计 25 名，其中中级教师 10 名、高级教师 15 名。

3. 问卷内容的设计

围绕示范园地设计的常规内容、基本要素、空间类型的选择、安全性等方面设计问卷，分为四大板块，包含单选和多选。

4. 问卷的发放情况

（1）问卷发放时间：2017 年 9—10 月。

（2）问卷以不记名的方式进行当场作答，以面对面的形式对调查对象不明白的问题进行当场解答。

5. 问卷的回收情况

当场回收25份问卷，回收率为100%。回收情况见表2－1。

表2－1 专家问卷调查回收情况

	发放数量	回收数量	有效数量	回收率%	有效回收率%
专家问卷	25	25	25	100	100

方案设计与案例分析

一、中学生室外体质健康锻炼示范园地建设方案的指导思想

以“提高学生的体质健康”的指导思想为主，设计一条应用于学校的设计方案，致力于提高中学生的体质健康，构建出符合中学生身心发展特点的指导内容和适合中学学校建立室外体质健康锻炼示范园地的设计路线。

二、中学生室外体质健康锻炼示范园地建设方案的依据

开展科学健身示范区建设，是落实国家“科技惠民”政策、推进群众体育科研成果转化的重要举措。

三、中学生室外体质健康锻炼示范园地建设方案的理论基础

（一）人机工程学原理

人机工程学原理在国际上被认定为研究人在某种工作环境中与解剖学、心理学和生理学等方面的相关因素。研究人与机器和环境之间的相互关系，人是人机工程学中关键的核心部分，因此，设计的关键点就是考虑人的各方面特征并应用于其中。

（二）人性化设计原理

根据人的生理和心理变化，产品的设计和生产过程也相应产生变化。在设计

时考虑人的因素，尊重人的需求和价值，满足人们日益增长的物质文化需要。

（三）中学生的生理、心理特点

1. 中学生的生理特点

中学生在体态上变化尤为明显，身高、体重、宽度和维度在中学时期发展较快。在身体机能上脑和神经系统基本完善，心血管系统功能稳定、肺功能增强。身体素质在中学时期明显提高，速度、耐力、灵活性、神经系统功能逐步完善。

2. 中学生的心理特点

中学生时期认知能力增强，观察的目的性、自觉性提高，观察的时间更为持久。在概括性和精确性上的能力有所提高，思维已由具体的形象思维发展到抽象的逻辑思维。

四、中学生室外体质健康锻炼示范园地设计的基本要素

（一）示范园地建设方案的选址与规模

1. 选　址

学生的锻炼场地要做到安全、舒适、整洁、独立。

2. 规　模

利用学校的空余场地来设计锻炼场地，设计的场地规模为 100～200m^2。

（二）示范园地建设方案的常规内容

1. 出入口

学校场地的出入口设计要根据学生的特点，吸引学生的注意，与当地的风土人情、学校的人文历史相结合。

2. 地　面

不同的锻炼方式也要有不同的地面设计。在较高的器材下面可以用橡胶材料或者铺垫一些沙子增加缓冲。有跳跃类的活动场地可以用一些硬质的地面铺装等。

3. 边　界

所有边界都应具有围护和防范两个基本功能。围护是为了使场地能够成为一

个较完整的锻炼空间。

（三）示范园地建设方案的空间类型调查分析

1. 单一型空间

单一型空间一般应用在比较小的场地，没有复杂的地理环境，并且都会有一个明确的中心点，有可能是器材、场地风格，也有可能是景观元素等。

单一型空间可以根据构成要素的不同分为三类：开敞型空间、半开敞型空间、半封闭型空间，见图2－1。

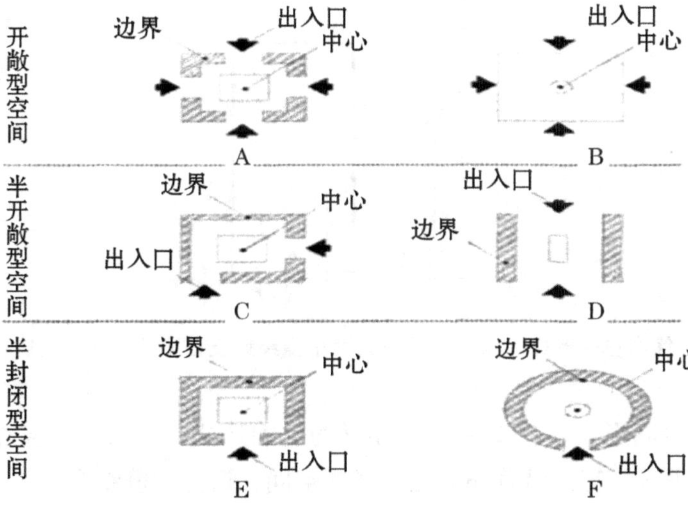

图2－1　单一型空间类型（来源：城市公园儿童游戏场设计研究）

（1）开敞型空间。有边界的开敞型空间（图2－1中A）可以看到有明显的边界和出入口，场地边上围着的绿植就是这个场地的边界，中间的器材就是这个场地的中心。无边界的开敞型空间（图2－1中B），就是没有明显边界，学生可以在该场地自由奔跑和玩耍，不受边界的约束。

（2）半开敞型空间。半开敞型空间（图2－1中C、D）一般情况下会设有两个出入口，会有一点边界局限性，但边界的连续性有所增强，要把握好场地设计时动与静的合理分配，做好休息区和锻炼区的区分。

（3）半封闭型空间。半封闭型空间（图2－1）有一个出入口，对内对外的方向性和约束性极其明显。在设计时器材与设施的设计与放置可以按环形的方法进行，增加边界的连续性。

2. **复合型空间**

复合型空间是由单一型空间组成的，可以利用各个单一型空间的功能和途径，运用一定的组织方式和手段组合出比较合理的复合型空间，使各个场地之间的干扰降到最低。一般包括线形空间和环形空间。

（1）线形空间形式（图 2－2）。线形空间的场地多样化，可能是矩形、弧形、L 形等，地形呈现的方式多样化，没有限制。

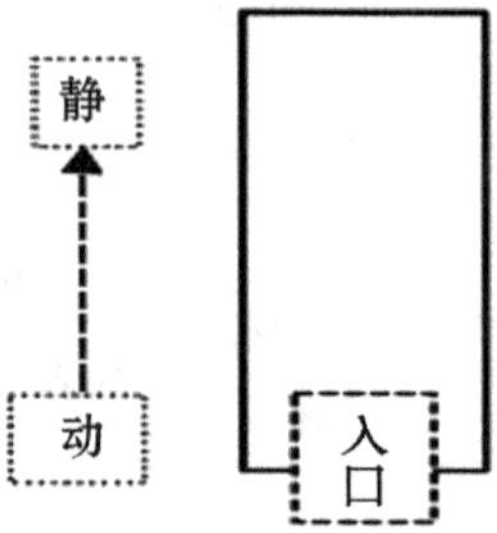

图 2－2　线形空间形式（来源：城市公共小型绿地及公园儿童游戏场空间设计）

（2）环形空间形式（图 2－3）。环形的空间形式，通常会有多个入口，无论从哪一个入口进入，都会沿着环形道路形成空间，讲究动静结合。

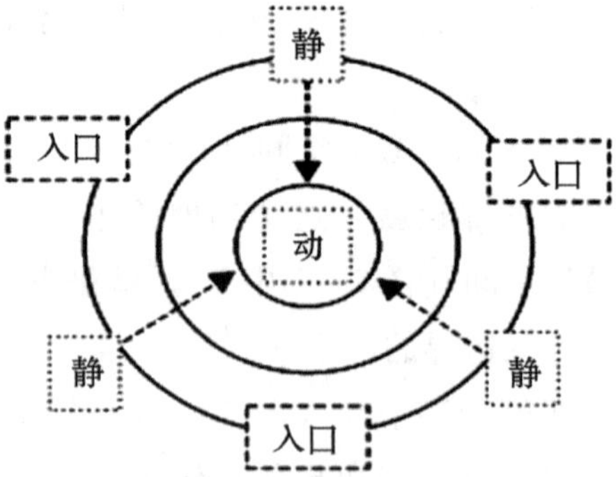

图 2－3　环形空间形式（来源：城市公共小型绿地及公园儿童游戏场空间设计）

（四）示范园地建设方案的设施调查

1. 器材设施

器材的设计要满足学生的健身需求，根据当前中学生的体质状况、产生的体质问题进行有针对性的器材设计。（图 2 – 4）

图 2 – 4　器材设施示意图

2. **建筑设施**

（1）座椅。关于锻炼场地的座椅设施，造型上要新颖、生动，能够吸引学生，设施尺寸比例要适宜中学生。座椅设施见图 2 -5。

图 2 -5 座椅设施图

（2）雕塑。室外体质健康锻炼场地应包含教育意义，既可欣赏雕塑的造型，也能学习造型的内在含义。雕塑设施见图2－6。

图2－6　雕塑设施图

（3）垃圾桶。垃圾桶可以放置在场地的多个位置，如场地入口、器材旁边、休息区旁等，垃圾桶的颜色要大胆鲜艳，造型要生动活泼。垃圾桶设施见图2－7。

（4）指示标志。指示标志包括对器材的使用说明，让学生对器材的使用方法先进行了解，具有实用性。指示标志设施见图2－8。

图 2－7　垃圾桶设施图

图 2－8　指示标志设施图

（5）喷泉。小型的喷泉可以增加亲水性，与周围的绿化相结合，可以营造良好的锻炼氛围，给锻炼者提供一个舒适的锻炼环境。喷泉设施见图 2－9。

图 2－9　喷泉设施图

（五）示范园地建设方案的安全性调查

1. 器材的安全性设计

要求器材在材质、造型、结构等方面要保证安全性，避免因为器材问题而产生运动损伤。

2. 场地的安全性设计

放置较高器材的地面应该采用橡胶或沙子等材料，在跳跃锻炼的场地可以使用较为坚硬的地面材料。

（六）示范园地绿化与环境的调查

可以选择一些四季的绿色植物。在休息的地方可以放置一些花坛、花卉，供休息的锻炼者欣赏。绿色植物见图 2－10。

图 2－10　绿色植物图

（七）示范园地的服务与保障调查

在场地建成之后，学校也要相应地对场地进行维护。配备相应的人员对场地进行定期打扫，维护器材的安全，并对学生安全锻炼进行指导。

五、方案一：蚂蚁乐园

（一）选址与规模

位置可以距离教学楼较近，学生下课可以较方便地到场地进行锻炼，但需与教学楼保持 10m 左右的安全距离。地形选择为矩形，平坦，没有坡度，日照比较好，规模在 $100m^2$ 左右的学校空余场地。

（二）基本内容

1. 出入口

该场地针对学生的平衡能力，在出入口的设计上，可以利用平衡能力的雕塑或者体操造型的雕塑，见图 2－11。

图 2－11　出入口设计图

2. 地　面

在地面上使用一些橡胶材料或者是草坪铺垫，保证锻炼时的安全性。

3. 边　界

选用一些绿化性质的边界，如植物边界，锻炼者在专注锻炼之后看到绿色植物可以舒缓一下紧张的情绪。边界设计见图 2－12。

图 2－12　边界设计图

（三）空间设计

专家问卷调查结果显示，有9位专家认为在学校锻炼园地的空间类型上选择单一型的开敞性空间较为合理。因此，应设置两个出入口，在场地的中心摆放锻炼的器材，在周围摆放一些休息座椅和环境设施等，注意场地的动静结合。空间设计见图2－13所示。

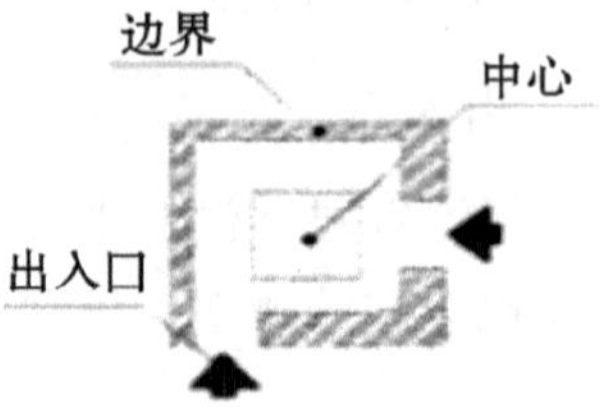

图2－13　空间设计图

（四）器材、设施设计

1. 器材设计

独木桥器材设计见表2－2。

表2－2　独木桥器材设计

器材名称	图片
圆形独木桥	
S形独木桥	
椭圆形独木桥	

续表

器材名称	图片
双面独木桥 A	
双面独木桥 B	
双面独木桥 C	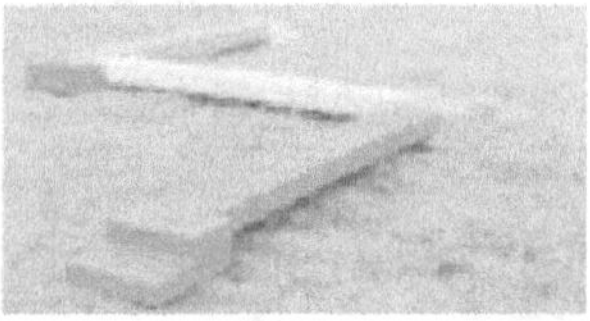

在设计器材时要考虑人机工程学的原理，做到人与器材、场地的统一并结合中学生的特点进行设计（图 2－14）。摆放时要注意器材距离地面的高度不宜超过 50cm，桥面的宽度应控制在 25cm 左右。稳固地面的支点间隔 100cm 一个，这样可以保证器材的稳定性。

图 2－14　独木桥器材设计图

独木桥锻炼器材介绍见表2－3。

表2－3　独木桥锻炼器材介绍

项目	内容
规格	根据需要确定产品的规格
材质	木头
颜色	红色、黄色、蓝色、绿色
适用年龄	14～16岁
主要功能	提高平衡能力及增强娱乐性
锻炼方法	双臂伸展，自然行走，然后倒走返回一次
注意事项	锻炼前，两臂自然伸展，保持身体重心，以免因重心失衡而摔倒；锻炼时步幅不宜过大

2. 设施设计

在示范园地放置休息座椅可以为学生提供一个休息的场所，也可以增加学生之间的交流，见图2－15。

图2－15　座椅

垃圾桶设立在休息座椅旁，可以方便学生丢弃垃圾，见图 2－16。

图 2－16　垃圾桶

在场地的出入口旁设置指示标志，标明场地的功能，告诉学生器材的使用方法和注意事项，见图 2－17。

图 2－17　指示标志

（五）安全设计

地面采用一些橡胶材料设计，如平衡园还是采用橡胶材质的地面最为合理有效，也最便捷、最卫生、最环保。

在平衡园的器材设计上考虑安全性，木头材质要平坦，器材的接口处要保证稳固，器材表面要光滑。

（六）服务与保障设计

每间隔半个月对器材进行一次清洗。对场地中的垃圾和废弃物品进行清理。

间隔半年或一年配备专业人士对场地中的器材进行检查。

（七）小　结

平衡园的设计主要是为了改善中学生的平衡能力，设计一些增加平衡能力的器材，增强中学生体质，减小运动损伤的发生概率。

六、方案二：健康小蛮腰

（一）选址与规模

位置选择宜远离教学区，避免高空坠物，造成砸伤。日光充足，距离医务室较近，有运动损伤可以及时送进学校医务室进行救治。地形选择为矩形，面积大约 $100m^2$。

（二）基本内容

1. 出入口

在出入口设计一些图画或文字，放置在出入口的上方，加一些新鲜艳丽的图片和颜色，富有吸引力。出入口设计图见图 2－18。

图 2－18　出入口设计图

2. 地　面

选择坚硬的材质，如混凝土、未打磨光滑的大理石，用地面镶砖等方式进行设计。

3. 边　界

防护网是一种简单方便的边界形式，可以根据场地的需要选择边界的长度和高度，安全性较高。边界设计图见图 2 – 19。

图 2 – 19　边界设计图

（三）空间设计

专家问卷调查结果显示：有 9 位专家认为在学校建立示范园地的空间类型应选择为单一型的半封闭型空间。空间设计图见图 2 – 20。

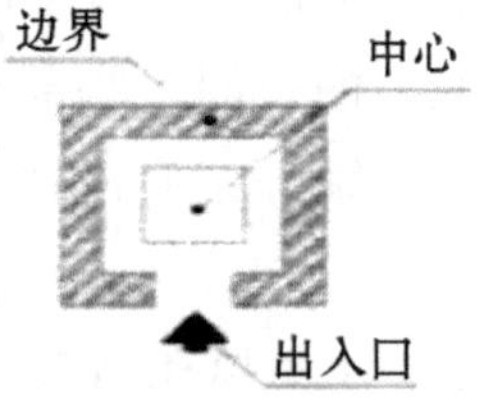

图 2 – 20　空间设计图

（四）器材、设施设计

1. 器材设计

（1）三位扭腰器。如图 2－21 所示，器材可以供三位锻炼者同时进行锻炼。三位扭腰器的样式众多，色彩也不一样，可以锻炼腿部，增强腰、腹部力量，缓解腰肌劳损等症状。

图 2－21　三位扭腰器

器材的高度设计在 1.45m。中学生的男女平均身高分别是 170cm 和 160cm，所以踏板的距中轴的距离设计为 60cm，留一些屈臂发力的空间。脚部踏板表面采用凹凸设计，脚踏部位有防滑措施。（图 2－22）

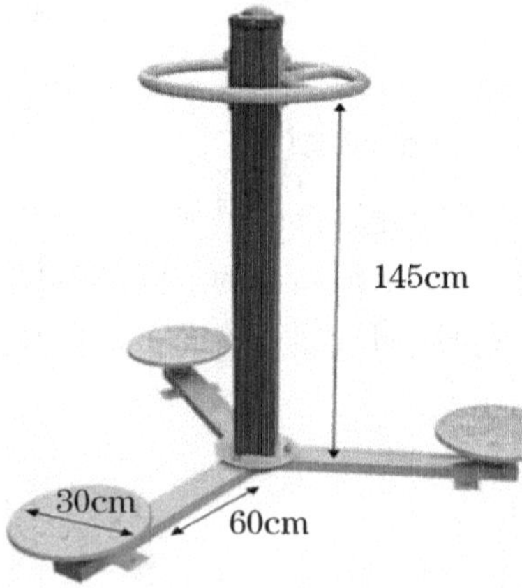

图 2－22　三位扭腰器脚垫设计图

在造型上可以在踏板上设计一些图画，如十二生肖或者十二星座的图画，使器材更加活泼具有生气，更加贴近学生的生活。三位扭腰器脚垫设计图见图 2－23。器材介绍见表 2－4。

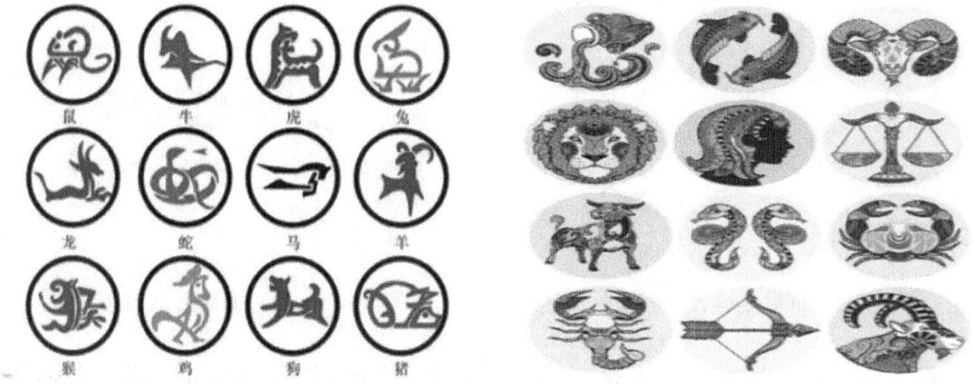

图 2－23　三位扭腰器踏板设计参考图

表 2－4　三位扭腰器器材介绍

项目	内容
规格	150cm ×150cm×130cm
材质	钢管
颜色	蓝色、黄色
适用年龄	14～16 岁
主要功能	锻炼腰、髋部，增强腰部的灵活性和柔韧性
锻炼方法	站在器材上，双脚与肩同宽，双手握住器材扶手，上体略向前倾，保持平衡。收紧腰、腹部肌肉，通过双手稳固上身产生的对抗力，使下肢左右转动。转腰时，上身应挺直，小腹尽可能绷紧，双腿直立或微微弯曲皆可
注意事项	锻炼时应特别注意强调大幅度、慢速扭腰，此外，如果运动时腹痛，可以放慢运动节奏或降低扭腰幅度，症状严重的应停止运动

（2）仰卧起坐器。针对中学生的生理特点，将整个器材的尺度缩小，在旁边加上扶手，借助外力继续进行锻炼，从而继续增加腰、腹的能力。仰卧起坐器器材设计图及实物图分别见图 2－24、图 2－25。

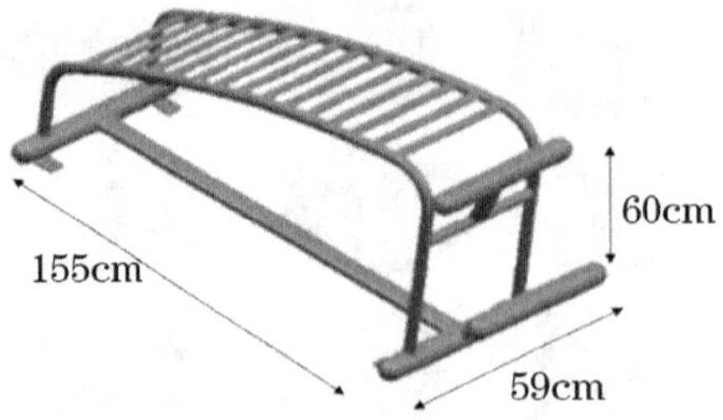

图 2－24　仰卧起坐器器材设计图

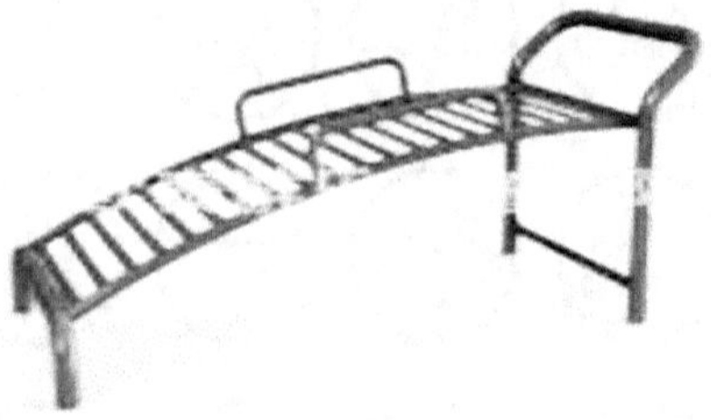

图 2－25　助力仰卧起坐器实物图

双人健身器的规格和单人是一样的，两个人同时进行锻炼可以增加锻炼的交流性，见图 2－26。仰卧起坐器器材介绍见表 2－5。

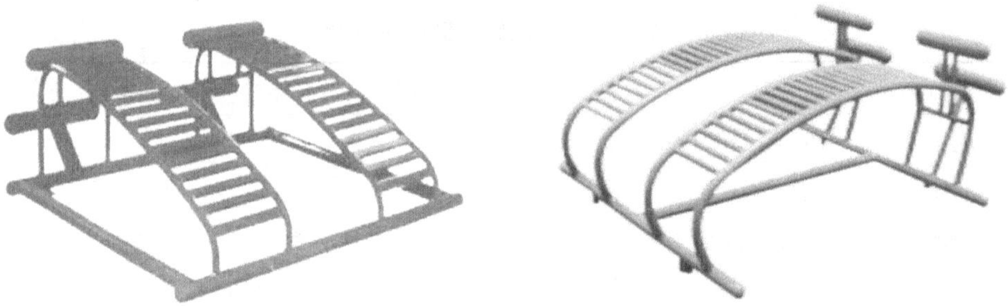

图 2－26　双人仰卧起坐器

表 2－5　仰卧起坐器器材介绍

项目	内容
规格	155cm×59cm×60cm
材质	钢管
颜色	蓝色、绿色、红色、黄色
适用年龄	14～16 岁
主要功能	锻炼腰部肌肉，缓解腰部、背部疲劳

续表

项目	内容
锻炼方法	在使用室外健身器材中的仰卧板进行练习时，先要将脚放在泡沫棉的上方。与地面呈90°，然后身体往后躺。头不需要靠在仰卧板上，重心下降，手放在耳朵处，慢慢起来。收紧腹部肌肉、卷腹，然后慢慢把身体降回原位，当背部贴到仰卧板时，开始下一个循环的动作
注意事项	在做仰卧起坐时要注意的是卷腹动作

2. **设施设计**

休息座椅是每一个场地必不可少的建筑设施，在休息座椅的设计上应选择一些木质或者塑料的材质见图2－27。

图2－27　座椅

垃圾桶可以放置在休息区和出入口处，造型也要相对新颖一些，见图2－28。

图 2－28　垃圾桶

指示标志放置在出入口处，在场地的休息区设置一个休憩小亭，亭内摆放一些棋盘，供学生游乐，增加整个场地的娱乐性，见图 2－29。

图 2－29　休憩小亭、棋盘

（五）安全设计

在器材上，要选用安全的材料，无毒无污染，环保、耐用、不易老化、防腐蚀、耐热耐寒，器材表面要打磨圆滑。

（六）服务与保障设计

器材的材质均为钢制材料，在冬季进行锻炼难免会觉得器材太凉，使冬季器材的使用率降低。可以购置一些加厚安全的防护条对把手处进行包裹（图 2－30），起到御寒的作用。

图 2－30　防护条

（七）小　结

方案二通过对三位扭腰器、仰卧起坐器进行器材改造，并在园地中融入一些设施元素，提高中学生对锻炼的兴趣，从而使他们坚持练习，提高腰、腹力量。

七、方案三：好滴、好滴乐园

（一）选址与规模

选择位置的时候要远离教学楼，要距离医务室较近，选择较为空旷的场地，有良好的通风，地形上选择圆形，面积在 150m^2 左右。

（二）基本要素

1. 出入口

根据一些大型场地的出入口设计，在场地的入口上方放置较为清晰明了的文字和图片，旁边使用金属支架将标志牌架在高空，这样更加直观，具有标志性。出入口设计图见图 2－31。

图 2－31　出入口设计图

2. 地　面

可以选择一些坚硬的材质，如混凝土、未打磨光滑的大理石，地面采用镶砖等方式进行设计。

3. 边　界

选择镂空设计的木质边界墙体，镂空形式可以增加锻炼场地内外的流通性，更加贴近自然。边界设计图见图 2－32。

图 2－32　边界设计图

（三）空间设计

场地面积约 150m^2，可以选择复合型空间。空间设计图如图 2－33 所示。

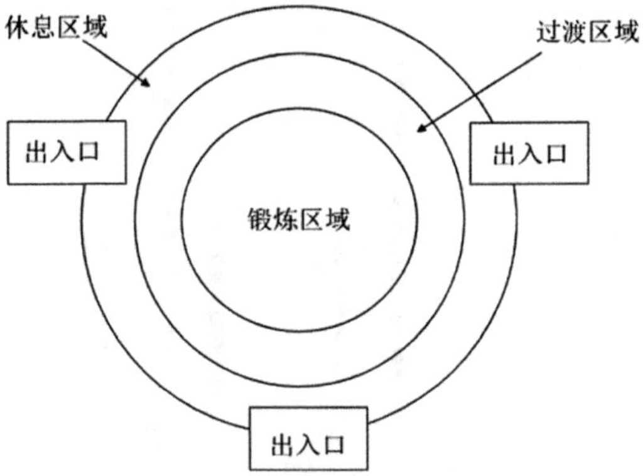

图 2－33　空间设计图

如图 2－33 所示，该场地会设计多个出入口，供学生从多个方向进入场地进行锻炼。整个场地的中心是锻炼区域，场地的周围是休息区域，中间是过渡区域，整个场地做到动静结合。

（四）器材、设施设计

1. 器材设计

表 2－6 中所示的该场地会放置的大部分器材。此处对较复杂的器材提供一下详细的设计。

表 2-6　健身器材名称及数量

器材名称	器材图片	数量
单杠		1
双杠	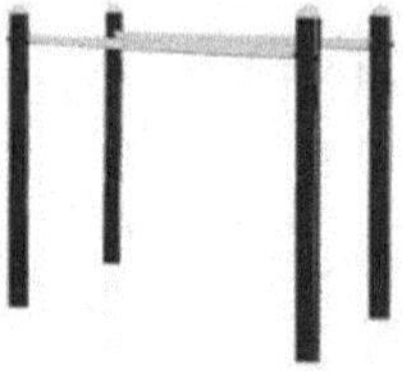	1
双位双杠	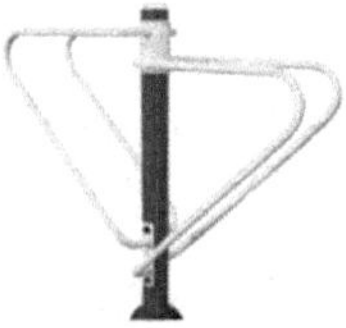	2
上肢牵引器	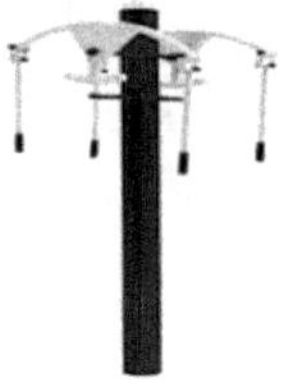	2
三联压腿器	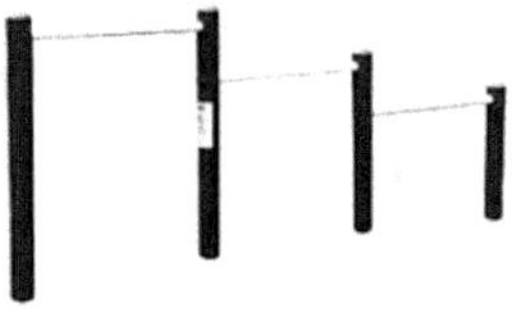	1
漫步机		2

续表

器材名称	器材图片	数量
划船器		2
健骑机		2

(1) 双位双杠。双位双杠主要是锻炼上肢力量，对上肢力量的爆发和肌肉的持续性运动有良好的作用。锻炼方法简单便捷，比较适合中学生。

如图 2－34 所示，是根据中学生的生理特点进行的器材设计。双位双杠器材介绍见表 2－7。

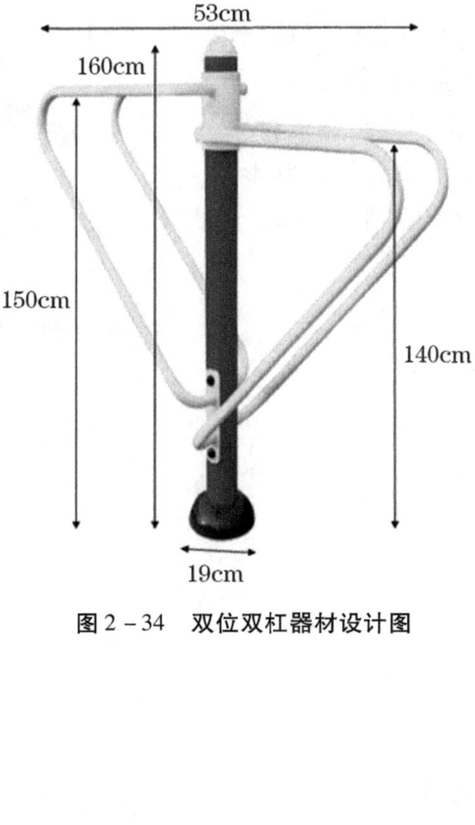

图 2－34　双位双杠器材设计图

表 2－7　双位双杠器械介绍

项目	内容
规格	19cm×53cm×160cm
材质	钢管
颜色	蓝色、绿色、红色、黄色
适用年龄	14～16 岁
主要功能	锻炼上肢、肩部、胸部力量
锻炼方法	双手握杠，屈肘并做上下运动，禁止横向拉动双杠
注意事项	根据自身的能力慢速、平缓锻炼

（2）健骑机。健骑机器材主要针对全身运动，能增强上肢、下肢和胸部的肌力，并能锻炼腰、腹部肌肉和按摩内脏，增强消化系统和心脏功能。健骑机人性化设计图见图 2－35。

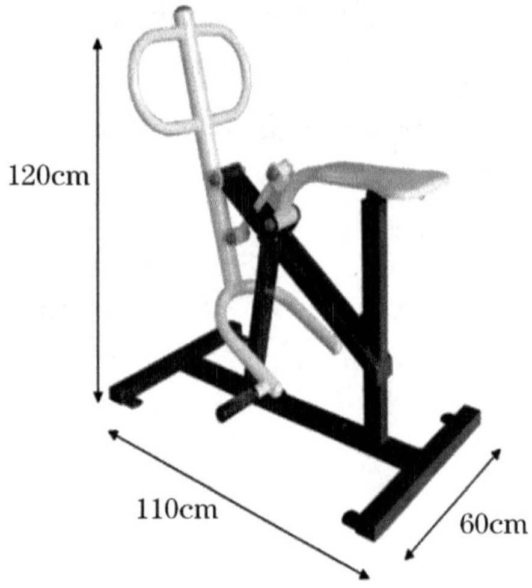

图 2－35　健骑机器材设计图

如图 2－36 所示，器材长时间使用，脚蹬处会磨损掉漆，影响器材的美观，可以加上橡胶保护套，定期对防护套进行更换。将器材的把手处设计成封闭的圆形，学生可以握住器材把手的各个位置进行锻炼。

健骑机器材介绍见表 2－8。

图 2－36　健骑机人性化设计图

表 2－8　健骑机器材介绍

项目	内容
规格	110cm×60cm×120cm
材质	钢管
颜色	蓝色、绿色、红色、黄色
适用年龄	14～16 岁
主要功能	增强心肺功能，提高上肢、腰部、腹部、腿部、背部肌肉力量和四肢协调能力。对腕、肘、髋关节屈伸功能性障碍，四肢及腰背酸痛等有康复作用
锻炼方法	跨骑在座位上，双手握住器材把柄，脚踩踏板，身体挺直，通过手臂屈伸及脚蹬反复运动达到锻炼目的
注意事项	锻炼时动作幅度不宜过大，速度不能过快

2. **设施设计**

采用木质材料，座椅可根据地形的特点设计成环形座椅，如图 2－37。

图 2－37　座椅

垃圾桶设计要符合学生的特点和整个园地的风格，偏向于现代化的设计。垃圾桶设计见图 2－38。

图 2－38　垃圾桶

在锻炼场地的中央会设计一个小型的喷泉，增加场地的亲水性。喷泉设计见图 2－39。

图 2 - 39　喷泉

在场地的过渡区域可设计休息亭，休息亭内放置棋牌和桌椅，学生可以在锻炼之余玩象棋、五子棋等益智类游戏，丰富场地的趣味性和益智性。

（五）安全设计

在器材的设计上，要保证器材使用的是无毒、无污染的材料，坚持绿色环保、可持续发展的设计理念。器材要保证耐用、不易老化、防腐蚀、耐热耐寒。

（六）绿化与环境设计

设计时会考虑绿化与植物的配备，在场地的周围会种植一些对植和列植，见图 2 - 40。

图 2 - 40　绿色植物

生活中有很多常见的有毒植物，应避免种植在锻炼场地，以免对学生的身体健康造成危害。常见的有毒植物见表2－9。

表2－9　常见的有毒植物

常见有毒植物	有毒植物属性
银杏	有毒部分：果仁，绿色的胚最为有毒 一般中毒剂量为10～50颗，不宜多吃或生吃
紫茉莉	根和种子有毒，症状为口舌麻木、头晕、耳鸣、疼痛，触觉迟钝，听力衰减等
郁金香	花中含有毒碱，人在花丛中待2h以上会出现头昏脑胀等症状，接触时间越长中毒越深，并导致毛发严重脱落
八仙草（绣球花）	误食八仙草几个小时后就会出现腹痛，还包括皮肤疼痛、呕吐、虚弱无力和出汗等症状
水仙花	家庭栽种一般没问题，但不要弄破它的鳞茎，因为它里面含有拉丁可毒素，误食可引起呕吐、肠炎；叶和花的汁液可使皮肤红肿，特别当心不要把这种汁液弄到眼睛里去
一品红	一品红全株有毒，特别是茎叶里的白色汁液会刺激皮肤导致红肿，引起过敏反应，如误食茎、叶，有中毒死亡的危险
马蹄莲	马蹄莲花有毒，内含大量草酸钙结晶和生物碱等，误食会引起昏迷等中毒症状

（七）服务与保障设计

整个场地的器材都是钢质材料，在冬季锻炼应考虑到人性化的特点，增加一些保暖措施，同上一个方案。在维护上需要有专业的人员对场地的器材进行清扫、检查与维修。

（八）小　结

方案三占地面积相对于前两个方案较大，因此，在设计时加入了一些休闲设施和绿化等因素，使场地要素更加丰富，给锻炼者提供一个舒适的锻炼环境。

结论

（1）大多数锻炼场地都是针对成人设计的，不太适合中学生。使用器材的舒适性、安全性、可操作性差。

（2）根据中学生的生理特点、示范园地的设计原则，对中学生室外体质健康锻炼示范园地的场地和器材进行详细的设计和优化，要能满足中学生锻炼的需要。

（3）对中学生室外体质健康锻炼示范园地建设方案进行设计，并对场地设计的关注要素和器材设计方面的安全性、合理性、人性化等多方面进行设计，建立可复制、可推广的设计方案。

专题三

小学趣味球类教学内容设计与实施效果研究

——以乒乓球为例

研究目的与意义

（1）创新教学内容设计和组织形式，改善目前小学乒乓球教学中重竞技、轻身心、难推广的发展困境。

（2）学校根据自身办学理念和实际条件，对学生进行素质教育和人才培养，不仅丰富了体育教学资源，调动学生运动热情，而且有利于学校办学特色的形成。

（3）调动教师参与课程设计与研究的积极性，有助于教师专业成长和专业素质的提高。

（4）趣味乒乓球教学内容设计可为中小学乒乓球技术学练和课余活动提供新思路，为其他项目的趣味化教学内容开发提供参考。

研究对象与方法

一、研究对象

以小学趣味乒乓球教学内容为研究对象，以杨村八小四年级学生为实验对象，合班教学，男女生共 72 人。

二、研究方法

（一）文献资料法

运用文献资料法进行教学设计、校本课程的开发，加强趣味乒乓球教学等文献资料的收集与借鉴工作。

（二）专家访谈法

通过走访专家、一线体育教师，了解目前小学乒乓球教学过程中遇到的问题，针对小学趣味乒乓球教学设计方案的可行性和实施效果，邀请专家学者提供合理化建议。

另外，笔者还通过对行业专家学者的访谈，进一步了解他们对小学体育教学设计的看法与建议，并把专家的建议引入论述当中，增强分析和论证的客观性、有效性。这些专家包括前任和现任校长、体育组主管教师等。

（三）问卷调查法

为了调查学生喜爱的运动项目、参与运动动机、运动形式和课后体验等，设计了学生问卷，参与问卷调查的学生为杨村八小四年级一班、二班，共计 72 人，问卷共发放 72 份，有效回收 72 份，有效回收率 100%。为调查教师对课程设计及实施效果的态度，设计了教师调查问卷，参与调查的教师共 11 人，分别为杨村八小副校长 1 名、德育主任 2 名、体育组教师 8 名。问卷共发放 11 份，有效回收 11 份，有效回收率 100%。

除了以上内容对学生和教师所作的问卷调查以外，还就学生的健康状况、家长对学生参加趣味体育活动的看法、学生学习的方式、内容、心理和对体育课的实际爱好，对家长、学生、教师分别作了专门的问卷调查。

1. 家长问卷调查

家长与孩子朝夕相处，为了解学生身体状况，首先对家长进行了问卷调查。问题一：您的孩子健康状况如何？是什么原因导致此类结果？通过统计，约 85% 的家长认为孩子身体状况一般或欠佳，主要原因是缺乏规律的体育锻炼；问题二：您家中是否添置运动器材供孩子进行体育锻炼？有哪些器材？通过统计，我们发现有 90% 的家长表示家中有可供孩子锻炼的器材，器材中跳绳和球类占大多数；

问题三：您是否同意多样化的趣味体育活动对孩子的学习与生活有积极影响？为什么？答案统计结果显示约98%的家长都同意这种说法，他们大多认为学生在参与多样化的趣味活动过程中，能够调节身心状态，既积极动脑思考解决问题的办法，又积极动手亲自参与实践，享受运动乐趣。

通过对以上问题进行梳理与分析，我们不难看出，学校课业负担不断加重、家长的管理方式是学生缺乏锻炼的主要原因，但家长还认为多参与有益的课外活动既可以提高身体素质和健康水平，又能够促进孩子身心的全面发展。面对这种情况，我们认识到此项实验研究的必要性和重要性。

2. 学生问卷调查

通过向杨村八小四年级200名小学生发放问卷的形式，了解学生心理，了解学生对体育课的真实态度和学习内容、学习方式的偏好。调查采用现场发放、及时填写和现场回收问卷的方法，有效回收问卷192份，回收率96%。经整理和统计，可以看出学生参与运动的动机和对体育学习内容、学习方式的心理期待。问卷情况详见表3－1至表3－3。

表3－1　学生喜爱的体育项目排序　　$n=192$

运动项目	篮球	足球	乒乓球	羽毛球	田径	其他
人数	50	46	41	28	22	5
百分比/%	26	23.9	21.4	14.6	11.5	2.6

表3－2　学生参与运动的动机　　$n=192$

	强身健体	休闲娱乐	明星效应	应付课程	其他
人数	74	68	39	5	6
百分比/%	38.6	35.4	20.3	2.6	3.1

表 3-3　学生乐于参与体育运动的形式　　$n=192$

	教师课上指导	自发组织	课余活动	其他（不参与）
人数	83	31	46	32
百分比/%	43.3	16.1	23.9	16.7

3. 教师问卷调查

对于“您是否同意多样化的趣味体育活动对孩子的学习与生活有积极影响”的调查问题，教师与校领导的答案与家长是一致的，有99%的教师同意多样化的趣味体育活动不仅是一种有目的、有创造性的身体活动过程，更是经过思考、有方法的学习过程，应慎重选择实施的技巧与策略。从这一点可以看出，在今后的教学中，要充分挖掘、合理利用现有体育资源，加大力度开发和设计各种趣味多样的活动内容，让学生真正融入教育，享受教育，在一种轻松开放的教学环境下进行学习和锻炼。

通过调查还可以看出，绝大多数教师认为在参与教学设计过程中自己的改革创新意识和教学设计能力有所提高，自身专业素养不断加强。通过理论学习、教学研讨培训和实际工作的实施等途径，绝大多数教师对于新课改校本课程开发都有了正确的认识和理解。

研究结果与分析

一、小学趣味乒乓球教学理念

（一）“健康第一”教学理念

学校教育应当树立“健康第一”的指导思想。“健康第一”的指导思想是面向整个学校教育提出的，它强调学生德、智、体、美、劳全面发展。而学校体育和健康教育是达成“健康第一”目标的最直接和最行之有效的方法与手段。在21世纪，我们的体育教学应继续秉承这一指导思想，促进学生身心发展与社会适应能力的提高，从而使我们终身体育的目标更加清晰明确，使学校体育更好地为学生现在和将来的健康维持和健康促进做贡献。

（二）“快乐体育”教学理念

首先，课前准备阶段注重激发和保持学生的学习兴趣，开展课的设计和组织学生活动时既要符合学生实际，又要做到重视学生需求；其次，在实施阶段，教师要注重学生学习能力的培养，通过设置生动有趣的情景和巧妙的问题，引导学生积极思考、主动参与，培养学生发散思维，同时也要让学生领悟合作的快乐，教师注意过程性评价的多种方式，利用肯定的评价提高学生的成就感；最后，通过完成任务使每个学生都能从体育活动中获得满足，建立自信。

（三）继承优良传统

学校教育还应当继承和发扬学校已经形成的优良传统，应抓好以下三项：

1. 重视教学文件的制定

学校已建立有学年教学计划、学期教学计划、单元教学计划、课时教学计划，这一套传统的教学文件是非常完整的，我们应继续传承。

2. 重视严密的课堂组织

学校重视课堂组织教学工作，有严格的课堂常规，明确各项常规中教师和学生的职责与目标，这对保证教学质量至关重要。

3. 强调合理的运动负荷

运动负荷的安排要遵循循序渐进的原则。运动负荷的大小是相对而言的，应针对不同学生的实际情况区别对待。趣味教学不能满足于一味追求课堂气氛的欢乐，合理的运动负荷也应得到切实的保障。

（四）制定科学利久的成绩评价标准

学生成绩评定主要分为四个部分，即体能的评定、知识与技能的评定、学习态度的评定、情意表现与合作精神的评定。我们应及时创新成绩评定标准，在运动成绩考核中适当降低技术内容的比例，将学生的身体机能水平、实践能力、学习态度、训练进步幅度、互动能力等一系列因素纳入考核体系，促进学生综合素质水平的全面提高。

二、杨村八小趣味乒乓球单元教学计划与趣味活动方案

（一）杨村八小趣味乒乓球单元教学计划

杨村八小趣味乒乓球单元教学内容设计共16课时，均在室内乒乓球馆进行，活动方式既有自主学习又有探究学习与合作学习，活动内容既有表演和比赛又有基础练习，单元教学设计主要涉及二人三足托球跑、双手持拍交替颠球、小组合作花样颠球、趣味多球练习、移动击球大转盘等活动方案。（表3－4）

表3－4　杨村八小趣味乒乓球单元教学计划及课时内容

课次	教学内容	课时数
1	实施前测试	1
2	学习握拍方法、二人三足托球跑、介绍正手颠球技术	1
3	复习握拍方法、原地正手颠球练习、正手行进间“8”字折返颠球接力	1
4	双手持拍交替颠球、学习反手颠球技术动作	1
5	复习正反手颠球、小组合作花样颠球	1
6	介绍反手推挡技术动作、徒手练习	1
7	复习反手推挡技术、趣味多球练习	1
8	徒手练习反手推挡技术、趣味多球练习、移动击球大转盘	1
9	反手推挡趣味多球练习、介绍正手攻球技术	1
10	双手持拍交替颠球、复习正手攻球技术动作、徒手练习	1
11	小组合作花样颠球、正手攻球趣味多球练习	1
12	正手行进间“8”字折返颠球接力、趣味多球练习	1
13	正反手趣味多球练习、移动击球大转盘	1
14	进一步规范反手推挡和正手攻球技术动作、正反手趣味多球练习、移动击球大转盘	1
15	进一步规范反手推挡和正手攻球技术动作、趣味多球练习	1
16	实施后测试	1

（二）趣味乒乓球教学活动示例

示例一：二人三足托球跑

● 目标：通过活动培养学生团结协作意识，帮助学生建立相互间的信任与友谊，同时提高学生对乒乓球的控球能力，体验参与体育活动的乐趣，发展体能和身体协调性、平衡能力。

● 场地器材：室内训练馆、乒乓球及球拍、皮筋若干。

● 活动形式：分小组完成（2 人一组）。

● 课前准备：教师预先教会正确安全的结绳方法，做好安全教育，设计好活动路线。

● 操作过程：

①整队及分组完毕后，教师讲解结绳方法，并监督检查每组学生的准备情况。

②学生每 2 人一组，手持球拍成一路纵队站立，待教师发出开始口令后依次跟进，按照指定路线进行二人三足托球 20 米跑练习，直至全部学生完成规定练习后整队集合。

③练习若干组后，各小组解下皮筋，整队集合，教师小结。

● 教学思考：

①教师要在活动前做好安全预案，防止意外发生，引导学生相互沟通协商、相互鼓励，在最短的时间内培养合作默契。并喊着统一的口号向前移动，脚下步伐统一的同时，还要求手中的球拍把球托稳不掉落，这是此项活动的难点。

②练习过程中，教师要及时鼓励及引导表现稍差的同学，活动结束后带领学生做好放松活动。

● 评价标准：见表 3－5。

表 3－5　二人三足托球跑活动评价标准

活动内容	评价标准		
	A	B	C
二人三足托球 20 米跑	球未掉落	球掉落一次	球掉落一次以上

示例二：双手持拍交替颠球

图3－1　双手持拍交替颠球

●目标：在学生单手颠球有了一定基础的情况下，通过此项练习进一步培养学生的控球能力和手的球感，同时培养学生操作思维能力，促进左右脑智力均衡发展。

●场地器材：室内训练馆、乒乓球及球拍。

●活动形式：单人独立完成。

●课前准备：教师预先叮嘱学生与队友沟通，保证一人练习时手中可有两只球拍。

●操作过程：

①将全班学生平均分成A、B两组面对面站立，A组学生练习颠球时，B组同学将球拍借给对应的A组同学，并为该同学计数，计算1min内交替颠球总次数。

②教师发出开始口令后，A组同学首先尝试左右手交替颠球，每组练习限时1min，时间到后，换B组同学练习，同时A组同学将两只球拍交给对应的B组同学并为其计数。

③循环练习若干次后，整队集合，教师小结。

●教学思考：

①计数法可增加练习趣味性，使学生尽快进入角色，提高练习积极性，加快学生基本功掌握速度。

②教师要及时对优生予以肯定，对后进生予以鼓励指导。

• 评价标准：见表 3 – 6。

表 3 – 6　双手持拍交替颠球评价标准

活动内容	评价标准		
	A	B	C
1min 左右手交替颠球	20 个及以上	10 ~ 20 个	10 个以下

示例三：小组合作花样颠球

图 3 – 2　小组合作花样颠球

• 目标：进一步培养学生球感，巩固基本功，练习身体协调性，通过小组合作的方式，集中学生注意力，培养学生团队意识。

• 场地器材：室内训练馆、乒乓球及球拍。

• 活动形式：小组合作（4 人一组）、表演。

• 课前准备：教师预先将全班分成若干小组，每组 4 人，围成圆圈面向站立。

• 操作过程：

①教师提出活动要求：组内 4 人按照正面颠球 5 次、反面颠球 5 次、正反手交替颠球 5 次的顺序，完成任务后顺时针将球传给下一位同学。

②教师发出“开始”口令后，各小组分别按要求练习。

③练习若干分钟后，各小组分别进行表演。

④计时3min，小组成员依次颠球，其他同学计数；表演结束后，整队集合，教师点评。

● 教学思考：

①教师规定颠球动作及顺序，可使学生集中注意力，提高练习效率。

②每人颠球时可采用集体出声计数的形式来增加学生完成任务的使命感，同时锻炼心理素质。

③可尝试鼓励学生自己设计动作套路完成练习并进行表演，培养学生的创造力，教师要及时予以指导和表扬。

● 评价标准：见表3-7。

表3-7　小组合作花样颠球评价标准

活动内容	评价标准		
	A	B	C
小组合作花样颠球	颠球动作规范、组间成员配合默契、3min内小组成员完成预定颠球套路8次以上；可以通过小组合作创新动作套路	颠球动作较为规范、组间成员配合相对默契、3min内完成预定颠球套路5次以上；在教师指导下可以完成创新动作套路	需进一步规范颠球动作、3min内小组成员完成预定颠球套路5次以上；在教师提示下完成组间合作练习

示例四：趣味多球练习

图3-3　趣味多球练习（1）

图 3－4　趣味多球练习（2）

●目标：在初步掌握了规范动作的基础上，通过反复练习，巩固基本技术，加强身体协调性、灵敏性，提高移动速度。通过小组合作、轮流练习的方式，培养学生集体荣誉感。

●场地器材：室内训练馆、乒乓球若干、发球机一台。

●活动形式：小组合作（6 人一组）、比赛。

●课前准备：教师预先将全班分成若干小组，每组 6 人，排成一路纵队站在球台两侧。

●操作过程：

①教师提出活动要求：组内 6 人由 1 人担当发球手，其他 5 人一路纵队站在发球手球台对面，队伍第一名同学正（反）手击球一次后逆（顺）时针快速跑向队尾，队伍第二名同学同样击球一次，然后快速跑向队尾。依此类推，全队 5 人顺（逆）时针循环击球练习。

②教师发出“开始”口令后，各小组分别按教师布置或组内协商的方案进行趣味多球练习。

③练习若干分钟后，各小组依次分别进行计数比赛，计算 1min 内全队有效击球总次数。

④练习或比赛结束后，整队集合，教师点评。

●教学思考：

①分组练习，让学生轮流担任发球手的方式，可让学生体会教师角色，加强

自身责任感。

②组内成员循环练习，不仅要保证击球的准确性，还要提醒同伴快速移动，提高练习效率，加强团队凝聚力。

③在练习或比赛过程中，教师要注意观察并提醒学生注意击球动作要领，不能只追求速度而忽视动作质量。

●评价标准：见表 3－8。

表 3－8　1min 趣味多球练习评价标准

活动内容	评价标准		
	A	B	C
1min 趣味多球练习	动作标准，同伴间相互鼓励，配合默契，有效击球累计次数 30 次以上	动作标准，同伴间相互鼓励，配合较为默契，有效击球累计次数 20 次以上	在教师提示下能保证动作标准，同伴间互动较少，缺乏默契，有效击球累计次数不及 20 次

示例五：移动击球大转盘

图 3－5　移动击球大转盘

●目标：提高学生移动击球能力，巩固基本功，提高难度，增加趣味。通过小组合作，围绕球台轮转击球的方式，培养学生团队协作意识；同时击球失误会导致出局，提高学生的竞争意识，磨炼学生应对挑战的心理素质。

● 场地器材：室内训练馆、乒乓球台及球拍、球。

● 活动形式：分组合作（10人一组）、游戏表演。

● 课前准备：教师根据上课人数，课前预先将全班成员分成若干小组，每组8~10人，每组分配一个乒乓球，每人手持球拍，平均分散地围绕站立在球台四周。

● 操作过程：

①教师提出活动要求：球台一侧任意一名同学将球发出后，然后按逆时针方向跑进，待乒乓球跳到对面球台后，对面球台任一名同学接球还击，后面同学跟进，准备依次击球。轮到自己击球时，组内成员可任意选择自己擅长的击球技术进行还击，但要求保证将球以适当速度和力量击出，以保障练习或表演的连续性。若某位同学出现未能成功击球的情况，即该同学自动退出移动转盘，直至剩下最后两名同学，成为最终的转盘击球小能手。

②教师发出“开始”口令后，各小组分别进行逆时针轮转击球练习。

③练习若干回合后，各小组依次进行表演。

④表演结束后，整队集合，教师点评，学生互评，分享游戏心得。

● 教学思考：

①移动击球轮转的练习设计，既要求击球稳定，提高学生调节控制力量、速度的能力，又要求移动过程中身体灵敏、协调。

②随着被淘汰的人数不断增多，大转盘合作击球的人数不断减少，大大提高了该项游戏难度，这就要求同学们保持良好的心理素质，提高反应速度和移动速度，应对挑战。

③注意练习或表演结束后，教师要引导学生从技术动作、移动速度、控球能力等方面进行客观的自我评价并分享游戏心得体会，给学生自我反思和总结的空间，培养学生独立思考的能力，让学生学会自主学习、锻炼和评价。

● 评价标准：见表3-9。

表 3－9　移动击球大转盘活动评价标准

活动内容	评价标准		
	A	B	C
移动击球大转盘	击球动作协调标准、准确性高、反应迅速、移动速度快、控球能力强，同伴间能够相互鼓励，能够进行客观的自我评价	击球动作较为规范、准确性相对较高、移动速度、控球能力有待提高，同伴间能够相互鼓励，能够进行客观的自我评价	在教师提醒下，能够保证技术动作基本不变形，但击球准确性、控球能力和移动速度有待提高，同伴间能够相互鼓励，基本能够进行客观的自我评价

三、杨村八小趣味乒乓球教学设计实施效果调查分析

（一）学生对趣味乒乓球教学活动的评价

学生对趣味乒乓球教学活动的整体评价见表 3－10。

表 3－10　学生对趣味乒乓球教学活动的整体评价　　$n=72$

态度（喜欢程度）	人数	占总人数百分比%
非常好（非常喜欢）	45	62.5
较好（较喜欢）	21	29.2
一般（一般）	6	8.3
较差（不喜欢）	0	0.0
合计	72	100.0

参与问卷调查的学生为杨村八小四年级实验班一、二班，共计 72 人，问卷共发放 72 份，有效回收 72 份，有效回收率 100%。通过表 3－10 可以看出，占调查总数 62.5% 的学生表示非常喜欢趣味乒乓球教学活动，29.2% 的学生认为趣味乒乓球教学活动较好。这一统计数据说明绝大部分学生喜欢并乐于参与趣味乒乓球课程教学，学生积极性较高。

图 3 - 6 所示为学生参与趣味乒乓球活动的收获与感悟。A 代表学习了乒乓球知识，掌握了基本运动技能；B 代表懂得了团结协作的重要性；C 代表参与课程感到身心愉悦，缓解了学习压力；D 代表养成了坚持运动的好习惯；E 代表提高了竞争意识。分析数据可得出，学生认为参与课程最大的收获是学习了乒乓球知识，掌握了基本的运动技能；愉悦身心，缓解学习压力；培养了团结协作意识这三项。

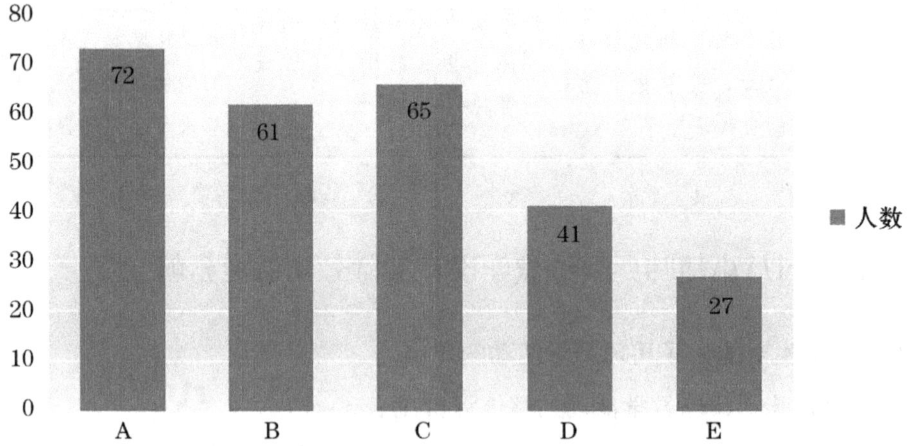

图 3 - 6　学生关于学习收获的自我评价统计图

图 3 - 7 所示为学生对趣味乒乓球课程的建议。A 代表增加基本技能练习；B 代表减少基本技能练习；C 代表增加小组合作的游戏；D 代表多组织技能竞赛；通过统计数据，我们可以发现，学生对趣味乒乓球的教学建议倾向于减少基本技能的练习，增加小组合作类的游戏。这说明在以后的教学实践过程中，教师要重视学生需求，在保证学生掌握基本技能的基础上，多设计合作类游戏，以精心设计的游戏提高基本技能的学习效率。

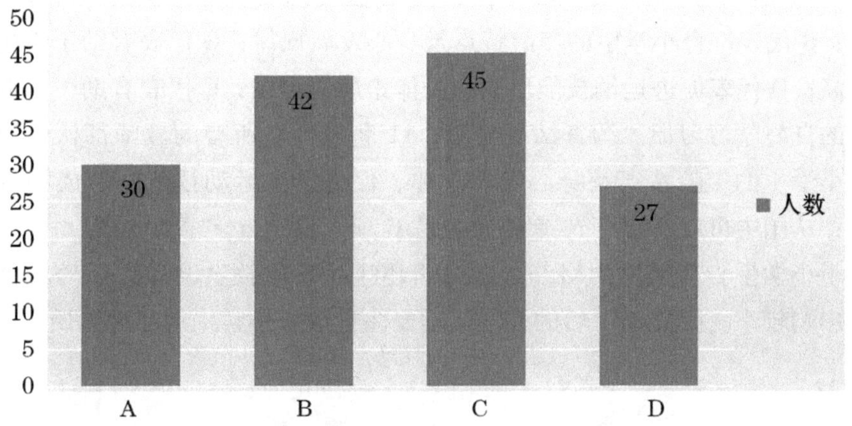

图 3－7　学生关于课程建议的统计图

（二）教师对趣味乒乓球教学活动的评价

表 3－11 所示为学校教师对趣味乒乓球教学活动的满意度。调查对象包括 1 位副校长、2 名德育主任、8 名体育教师。统计结果显示，杨村八小 11 名小学教师及校领导通过对教学实施过程的观察，对趣味乒乓球设计方案及采用的活动案例的效果满意度较高。有 72.7% 的教师认为教学设计实施效果非常好。教师对整体方案的评价主要来源于对日常教学活动的观察及对小学体育教学工作的经验判断。统计证明，趣味乒乓球教学内容设计的整体实施效果较好。

表 3－11　教师对趣味乒乓球教学活动的整体评价　　$n=11$

态度（满意程度）	人数	占总人数百分比%
非常好（非常满意）	8	72.7
较好（较满意）	3	27.3
一般（一般）	0	0.0
较差（不满意）	0	0.0
合计	11	100.0

图 3 - 8 所示为教师对趣味乒乓球教学方法的态度。A 代表教学目标明确、具体得当；B 代表符合小学生的年龄特点及身心发展规律；C 代表有助于学生心理素质的提高；D 代表促进运动技能形成和身体素质的提高；E 代表有助于培养学生合作学习的良好学习习惯。调查结果显示，11 名教师中所有的教师都认为设计的游戏符合小学生的年龄特点及身心发展规律、促进学生运动技能的形成和身体素质的提高；从图中可以看出，选择最少的是 C 项，仅有 6 名教师认为此设计的活动内容利于小学生心理素质的培养。这说明趣味乒乓球教学设计的活动对小学生心理素质影响较小。因此，以后的教学活动要注重锻炼小学生的心理素质。

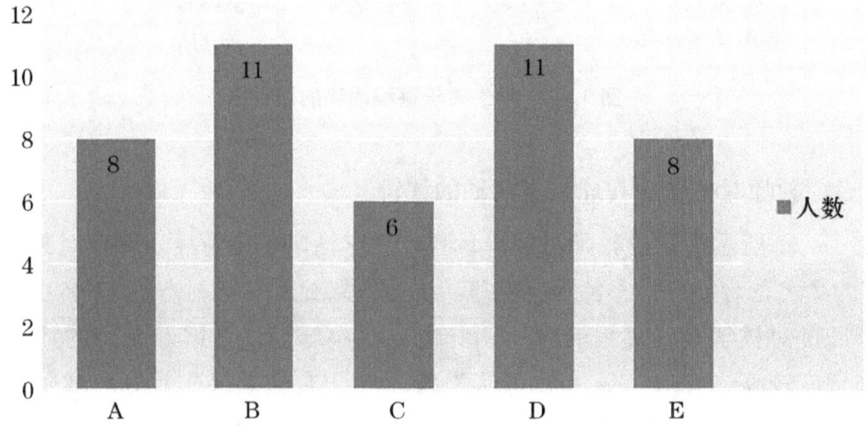

图 3 - 8　关于趣味乒乓球教学方法的评价统计图

关于趣味乒乓球教学内容的评价如图 3 - 9 所示。A 代表设计的教学内容新颖科学，适合小学生体育课学习；B 代表设计内容能够激发学生学习兴趣，调动学生参与运动的热情；C 代表设计内容与小学生实际生活紧密联系；D 代表教学内容具有创新性、直接经验性；E 代表教学内容的组织形式操作简单，便于教师指导学生。通过图表分析，没有一个选项完全达到让所有参与调查的教师均满意，但是 A、B 两项是参与调查者中选择较多的选项，这证明大部分教师认为设计的教学内容新颖科学，能够调动学生参与运动的热情。与此同时，我们注意到 C、D 两项均只有 4 位教师选择。这说明超过半数的教师认为设计的内容不仅要力求创新，还要贴近学生实际生活，让学生通过亲身实践获得直接经验。这需要我们对设计方案进行改进。

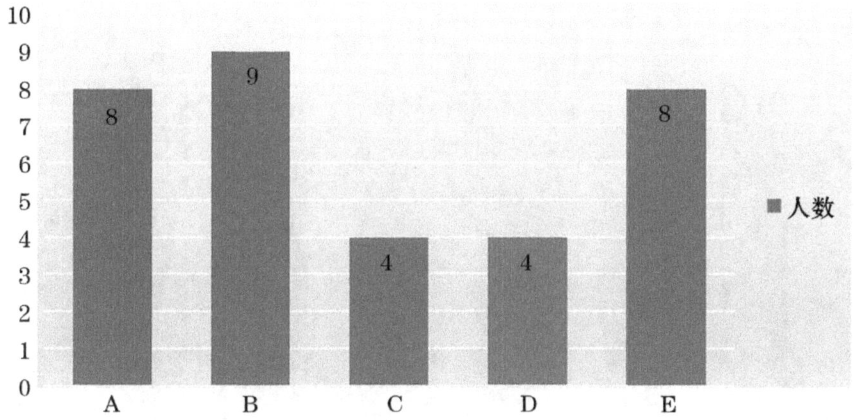

图 3－9 关于趣味乒乓球教学内容的评价统计图

关于趣味乒乓球教学实施过程的评价如图 3－10 所示。选项 A 代表教师能够充分挖掘教学资源、合理布置教学环境；B 代表教师能够准确把握教学流程中的各个环节，过渡自然合理，始终调动并保持学生学习积极性；C 代表教师能够运用各种教学手段与策略应对突发情况，有良好的课堂应变能力；D 代表教师对整个教学实施过程有良好的掌控能力，能够精准把握时间，课堂学习氛围轻松有序，确保每个孩子都受益；E 代表教师能够引导学生进行客观的自我评价、组内相互评价，确保评价内容积极有益；F 代表教师教态亲切自然，具有亲和力，受学生拥戴。统计结果可以说明，接受问卷调查的 11 人对 A、F 两项较为满意，但同时要求对其他选项的内容加强改进，提高课堂驾驭能力。

关于趣味乒乓球整体教学设计的评价如图 3－11 所示。A 代表单元教学计划设计合理，活动方案科学有效；B 代表单元教学计划和活动方案的设计需要进一步推敲、优化；C 代表趣味乒乓球活动方案的设计对其他体育项目的课程设计和创新有一定的借鉴意义；D 代表趣味乒乓球教学活动的设计与实施促进了学校教师的专业发展；E 代表趣味乒乓球课程利于校园文化建设，有利于学校实现特色发展。

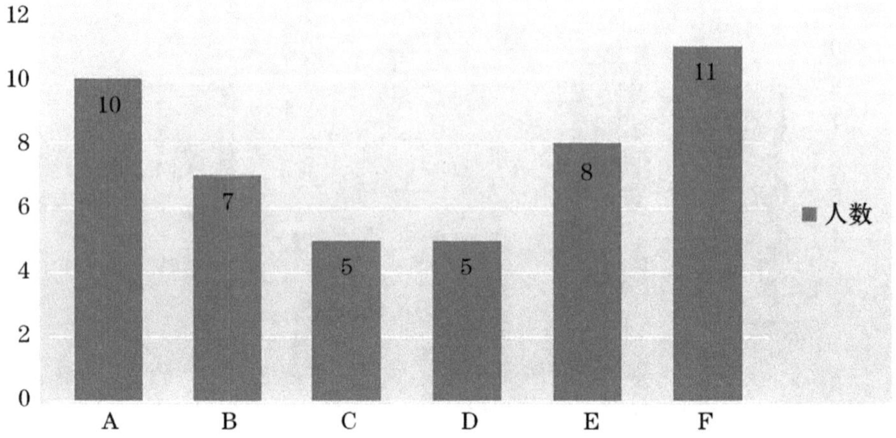

图 3－10　关于趣味乒乓球教学实施过程的评价统计图

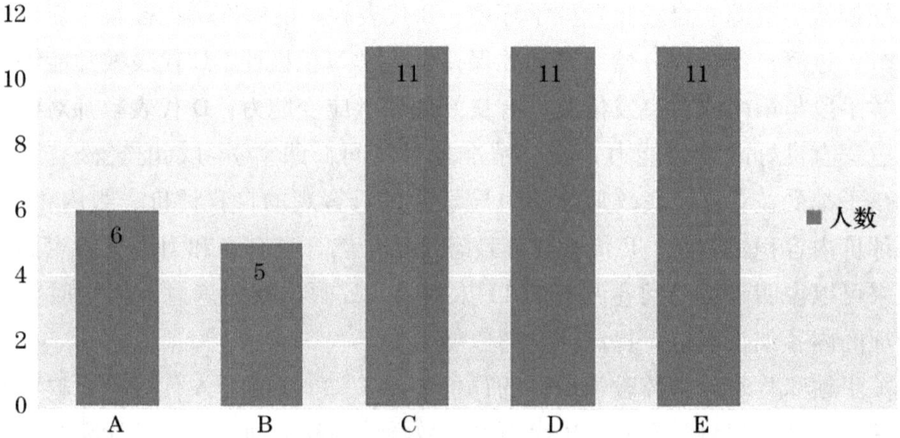

图 3－11　关于趣味乒乓球整体教学设计的评价统计图

调查结果显示，全部受调查对象都认为趣味乒乓球活动方案的设计对其他课程有一定的借鉴意义，利于学校特色发展。结合之前教师对教学内容、教学目标、教学实施过程的评价结果，教师需要进一步征求专家意见、仔细研讨实施方案、精心安排教学活动，使教学方案更贴近学校和学生实际。

（三）趣味乒乓球教学活动对学生的影响

学生活动方案成绩评价如图 3－12 所示。大多数学生在趣味活动中表现出色，不仅身体素质和技术水平有所提高，而且在运动参与积极性、团队协作能力等方面都有进步。但由于个别活动难度较大，导致学生不能很好地完成任务，所以个别方案还需进行修正。

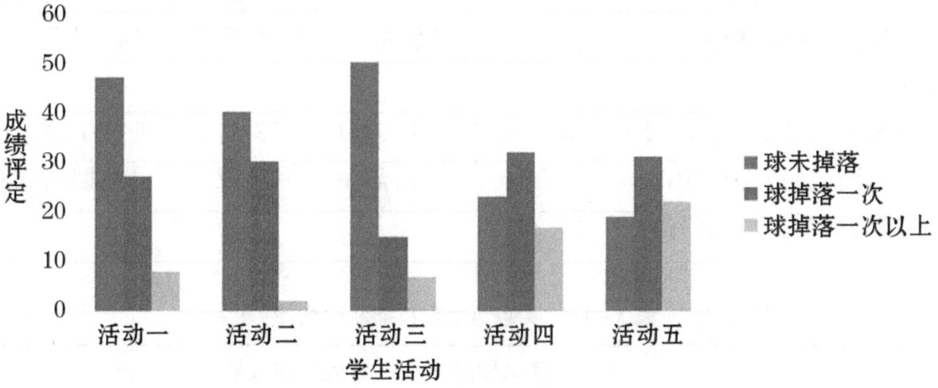

图 3－12　学生活动方案成绩评价统计图

趣味乒乓球活动实施以后，对杨村八小四年级实验班 72 名学生的锻炼态度、兴趣爱好等方面进行了跟踪调查，学生每天利用课余时间参与体育锻炼的人数占比由之前的 29.1% 提高到 70.8%；课余时间关注体育赛事，经常通过电视、广播、网络收看体育比赛的人数占比由 20.8% 提高到 68%；教学活动实施后学生乐于参与班级组织的文体活动，并能自发创编乒乓球游戏、组织小型竞赛活动。

2016 年 12 月（趣味乒乓球单元教学计划实施结束后），按照《学生体质健康标准》规定的内容和测试方法，再次对实验班学生进行 50m 跑、立定跳远测试，测试结果见表 3－12。

表 3－12　学生实验干预前后 50m 跑、立定跳远成绩对比　$n=72$

测试项目	实验前（M ± SD）	实验后（M ± SD）	T 值
50m 跑（s）	9.52 ±0.78	8.3 ±0.74	（$T<0.05$）
立定跳远（m）	1.545 ±0.72	1.865 ±0.74	（$T<0.05$）

学生实验干预前后 50m 跑与立定跳远测试成绩差异明显，实验后成绩优于实验前成绩。这说明趣味乒乓球教学活动对于促进学生身体素质发展起到了一定的有利作用。

趣味乒乓球单元教学计划实施完成后，对实验班共 72 名学生进行了简单的技能测试。测试内容为利用发球机，测试 1min 内学生正手攻球、反手推挡的成功率（上台即为成功），测试结果见表 3－13。

表 3－13　实验组学生技能测试成绩　$n=72$

测试内容	测试标准（1min 有效击球数量）		
	优秀（40 次以上）	良好（30～40 次）	及格（30 次以下）
正手攻球	25 人	36 人	11 人
反手推挡	30 人	38 人	4 人

正手攻球技术测试中，84.7% 的学生达到优秀或良好水平；反手推挡技能测试中，94.4% 的学生达到优秀或良好水平。结果证明，学生反手推挡技术稳定性优于正手攻球技术稳定性，这与技能动作的难易程度和练习时间有一定关系。

结论

（1）8 周趣味乒乓球教学干预实施以后，学生立定跳远和 50m 跑的成绩均优于教学干预前成绩，可以推断出趣味教学设计对提高学生身体协调能力、发展速度素质等具有一定作用。

（2）利用发球机测试学生 1min 内击球成功率，发现学生正手攻球达优秀或良好水平者占 84.7%，反手推挡则占 94.4%。这说明每位同学在基本技能的掌握方面都有所提高。

（3）教师普遍对趣味乒乓球教学设计满意度较高，认为教学方法多样、内容新颖，教学过程安排合理，利于构建学校体育教育特色及校本课程开发利用。

专题四

小学趣味体操教学内容设计与实施方案研究

——以垫上运动为例

研究目的与意义

一、研究目的

（1）筛选和设计小学趣味体操垫上运动教学内容。

（2）设计小学趣味体操垫上运动教学内容实施方案。

（3）通过小学趣味体操垫上运动的趣味化设计，增加小学生对体操垫上运动的学习兴趣，提高其身体柔韧性和平衡能力等身体素质，为全民参与体育活动打下良好的群众基础，也为小学体育校本课程开发提供参考。

二、研究意义

（1）本文对小学趣味体操教学内容的设计，能够丰富趣味体操理论体系；能够提供教学实践方案，推动体育教学改革。

（2）本文通过筛选和设计小学趣味体操教学内容的方法和路径，为其他项目教学内容的筛选和设计提供方法和依据，以期促进学校体育校本课程的开发。

（3）本文设计的小学趣味体操教学内容方案，可直接用于一线体育教师的教学，提高其教学的有效性。

（4）本文对小学趣味体操垫上教学内容的筛选和设计，能够增加体操项目的趣味性，改变传统的体操教学方式，有效提高学生的练习兴趣和参与的积极性，提高其身心健康水平。

研究对象与方法

一、研究对象

小学趣味体操教学内容是本研究的主要研究对象，具体可分为内容设计的依据与原则、内容的筛选与优化、教学案例的设计分析、方案设计的判定四个方面。其中，内容的设计与筛选是教学的前提，通过对教学内容设计的依据、原则、要求以及对教学内容的目标领域与技术动作间交互关系的研究，为教学案例的设计提供理论依据。最后通过专家访谈的方式，检验教学方案设计的合理性，为教学内容的选择、有效的组织及目标的达成提供可行的实践依据。

二、研究方法

（一）文献资料法

本文通过查阅中国知网、万方数据库及天津体育学院图书馆的馆藏图书，收集近年来关于趣味体操、教学内容设计的相关资料，对文献进行学习和梳理。

（二）专家调查法

通过设计专家调查问卷，为确定其信度和效度，对问卷的研究内容进行了两轮咨询。首先将专家调查问卷呈递给20名专家，请他们提出建议或意见，然后再将修改后的专家调查问卷呈送给20名专家，请他们再次填写并进行收回，以此来对小学趣味体操教学内容的优化和确定进行探讨。

（三）数理统计法

运用模糊数学（Fuzzy Mathematics）中的交互效应方法，对附件中的数据进行分析处理，以确定体操垫上运动内容与目标间的交互信息，由此获得优化小学校园体操教学内容的依据，并利用SPSS 11.5和Excel 2000统计软件对调查的原始数据进行统计。

研究结果与分析

一、小学校园体操教学内容设计的理论依据与原则

小学校园体操教学内容设计的理论依据主要有传播理论、学习理论、教学理论、生物学理论。首先，由于教学信息的传播具有复杂性，研究角度需从信息本身、传播渠道、传播者和接受者等多个角度进行考虑。其次，我们应该发现，行为主义学习理论的深远影响在于强调学习是刺激和反应之间的相互联系。突出学习是一种组织活动，学习者的洞察和认知是对感知或认知结构的重建。再次，教学理论是教学普遍规律的概括，教学理论是教学设计者最直接的理论根基，其理论内容涉及教学任务、内容、过程等多个方面。最后，生物学理论既倡导兴趣是培养学生体育锻炼意识的起点，又要求教学内容设计需符合小学生身心发展的特点。

在设计原则方面，我们应该确立趣味为第一要素，为适应不同学段学生的心理需求，设计需围绕兴趣导向进行调整。同时，安全是进行体育锻炼的首要前提。"安全第一"是体育教学必须遵循的原则，若出现安全问题，会对小学生的身心造成负面的影响，也就违背了教育目的。在具体的教学实施过程中，需要将原来过于规范、枯燥、难度比较大的体操教学内容改造成有趣的单个或者组合动作，并且教学内容和教学手段要多样，要面向全体学生。因此，小学校园体操教学内容设计应该体现趣味性、安全性、简易性、目的性、多样性和全面性的原则。

二、小学校园体操教学内容设计的具体要求

内容设计一定要从实际出发，符合小学生的年龄特点和实际发展水平。小学生的感觉器官动员，需要音乐、动作和儿歌三者紧密结合，做好"三位一体"的同时，在动作选择上目的性要明确，难易程度要适中，讲求实效性。器材选择与布置场地条件要因地制宜。编排的程序方面，一般先明确所练习的内容并审查是否符合学生的实际情况，再选择多样化的训练手段，最后也是最重要的是将其趣味化。

三、小学校园体操教学内容的筛选与优化

依据目标统领内容的原则，选择适合学习目标的教学内容，是形成完整教学内容体系的前提。由于体育教育目标的多维性，以及教学内容的多指向、多功能、多手段和“非阶段性”等特点，小学阶段的体育与健康课程教学活动必须紧紧围绕课程的总目标。因此，下文将以体操垫上运动为实证材料，从体操垫上运动与课程目标的交互效应入手，先分析运动学习领域各目标之间的相对重要性，再将学习领域目标与垫上动作及垫上动作与动作之间进行交互效应分析，最终通过筛选与分析得出各种垫上动作项目在教学中应优先考虑的内容，并罗列出各项目具体开设顺序。

（一）小学校园体操垫上运动学习领域各目标之间的相对重要性判定

小学体育与健康课程标准的出台，构建了完整的课程目标体系。本文通过对体操垫上动作学习领域各目标之间的权重进行计算，分析出体操垫上运动学习领域各目标之间的相对重要性。主要步骤如下。

第一步，以 P_1 表示运动参与目标、P_2 表示身体健康目标、P_3 表示运动机能目标、P_4 表示身体健康目标、P_5 表示社会适应目标。发放专家问卷，参考 1 ~9 比率标度法（表4 –1），对不同领域目标进行评分并回收统计，构成专家评判矩阵（表4 –2），其中 C_K 表示学习领域目标。

表 4 –1　A. L. Saaty1 ~9 比率标度及其含义

标度	标度含义
1	表示 P_i 与 P_j 比较，不重要
3	表示 P_i 与 P_j 比较，P_i 与 P_j 同样重要
5	表示 P_i 与 P_j 比较，P_i 与 P_j 稍微重要
7	表示 P_i 与 P_j 比较，P_i 与 P_j 强烈重要
9	表示 P_i 与 P_j 比较，P_i 与 P_j 极其重要
2、4、6、8	分别代表相邻判断的中值
上列各数互为倒数	P_i 与 P_j 比较得 a_{ij}，则 P_j 与 P_i 比较得 $1/a_{ij}$

表 4-2 学习领域各目标之间的相对重要性标度值的专家评判矩阵

C_K	P_1	P_2	P_3	P_4	P_5
P_1	1	3	5	6	8
P_2	1/3	1	3	5	6
P_3	1/5	1/3	1	4	5
P_4	1/6	1/5	1/4	1	4
P_5	1/8	1/6	1/5	1/4	1

$P_{12}=(1\times5+3\times11+5\times3+7\times1)/20=60/20=3$

$P_{13}=(1\times2+3\times8+5\times4+7\times4+9\times2)/20=92/20=4.6\approx5$

$P_{14}=(1\times2+3\times3+5\times4+7\times5+9\times6)/20=120/20=6$

$P_{15}=(5\times1+7\times7+9\times12)/20=162/20=8.1\approx8$

$P_{23}=(1\times7+3\times10+5\times2+7\times1)/20=54/20=2.7\approx3$

$P_{24}=(1\times2+3\times3+5\times8+7\times5+9\times2)/20=104/20=5.2\approx5$

$P_{25}=(1\times2+3\times3+5\times6+7\times4+9\times5)/20=114/20=5.7\approx6$

$P_{34}=(1\times3+3\times8+5\times7+7\times2)/20=76/20=3.8\approx4$

$P_{35}=(1\times3+3\times6+5\times5+7\times3+9\times3)/20=94/20=4.7\approx5$

$P_{45}=(1\times2+3\times8+5\times9+7\times1)/20=78/20=3.9\approx4$

第二步，计算出判断矩阵每一值目标的乘积 W_i。

$W_1=1\times3\times5\times6\times8=720$

$W_2=1/3\times1\times3\times5\times6=30$

$W_3=1/5\times1/3\times1\times4\times5\approx1.333$

$W_4=1/6\times1/5\times1/4\times1\times4\approx0.033$

$W_5=1/8\times1/6\times1/5\times1/4\times1\approx0.00104$

第三步，计算乘积 W_i 的 5 次方根 $\beta_i=\sqrt[n]{W_i}$，$n=5$，得出：

$\beta_1=3.728$，$\beta_2=1.974$，$\beta_3=1.059$，$\beta_4=0.505$，$\beta_5=0.253$

第四步，根据公式 $\beta=\sum^5\beta_i$ 对每一个方根进行归一化处理。

$\beta=\sum^5\beta_i=3.728+1.974+1.059+0.505+0.253=7.519$

$\alpha_1=3.728/7.519=0.4958$

$\alpha_2 = 1.974/7.519 \approx 0.2625$

$\alpha_3 = 1.059/7.519 \approx 0.1408$

$\alpha_4 = 0.505/7.519 \approx 0.0672$

$\alpha_5 = 0.253/7.519 \approx 0.0336$

第五步，根据公式 $\gamma_{max} = \sum \gamma_i / n$，计算最大特征向量 γ_{max}。

$\gamma_1 =$ （1 ×0. 495 8 +3 ×0. 262 5 +5 ×0. 140 8 +6 ×0. 067 2 +8 ×0. 033 6）/0. 495 8≈5. 363 7

$\gamma_2 =$ （1/3 ×0. 495 8 +1 ×0. 262 5 +3 ×0. 140 8 +5 ×0. 067 2 +6 ×0. 033 6）/0. 262 5≈5. 286 5

$\gamma_3 =$ （1/5 ×0. 495 8 +1/3 ×0. 262 5 +1 ×0. 140 8 +4 ×0. 067 2 +5 ×0. 033 6）/0. 140 8≈4. 427 9

$\gamma_4 =$ （1/6 ×0. 495 8 +1/5 ×0. 262 5 +1/4 ×0. 140 8 +1 ×0. 067 2 +4 ×0. 033 6）/0. 067 2≈5. 535 4

$\gamma_5 =$ （1/8 ×0. 495 8 +1/6 ×0. 262 5 +1/5 ×0. 140 8 +1/4 ×0. 067 2 +0. 033 6）/0. 033 6≈5. 485 1

$\gamma_{max} =$ （5. 363 7 +5. 286 5 +4. 427 9 +5. 535 4 +5. 485 1）/5≈5. 219 7

第六步，计算判断矩阵的一致性检验指标 C. I。根据矩阵理论，如果 $\gamma_{max} > n$，可以导出判断矩阵的一致性检验指标 C. I = （$\gamma_{max} - n$）/（$n - 1$） = （5. 2197 - 5）/4≈0. 0550 <0. 10，故表明该矩阵通过了检验，具有一致性。

第七步，计算 C. R。为了度量不同阶矩阵是否具有满意的一致性，将 C. I 与判断矩阵的平均随机一致性 R. I 比较（表 4 -3），得出 C. R = C. I/R. I = 0. 0550/1. 12 ≈0. 0491 <0. 10，故表明该矩阵具有满意的一致性。

表 4 -3 平均随机一致性检验指标 R. I 值

阶数	1	2	3	4	5	6	7	8	9	10
R. I	0. 0	0. 0	0. 58	0. 89	1. 12	1. 24	1. 32	1. 41	1. 45	1. 49

第八步，得出结论。C. I 和 C. R 均小于 0. 1，构建的判断矩阵具有一致性。各目标的合理权重为：

P_1 运动参与 =49.58%；

P_2 身体健康 =26.25%；

P_3 运动技能 =14.08%；

P_4 心理健康 =6.72%；

P_5 社会适应 =3.36%。

（二）小学校园体操垫上运动的优化过程

目前，小学不同水平段学生所需掌握的垫上动作见表4－4。筛选出合理的体操垫上动作既是保证小学体育与健康课程目标实现的关键，又是指导体操教学的直接依据，而如何筛选是目前急需解决的重要问题。在这部分研究中，将运用交互影响分析的方法对垫上动作与学习领域目标之间及动作与动作之间的交互关系进行分析，分别得出 *D* 值与 *T* 值。*D* 值主要表示垫上动作对学习领域各目标的直接贡献，*T* 值则表示垫上动作对这个学习领域的全部贡献。

表4－4　小学不同水平段学生需掌握的技巧动作——以垫上动作为例

学段	技巧动作
水平一	前滚翻、前滚翻直腿坐、前滚翻成屈腿坐撑、横叉、纵叉
水平二	后滚翻、前滚翻接后滚翻、跪跳起、仰卧推起成桥、侧手翻
水平三	前滚翻交叉转体180°、肩肘倒立、连续前滚翻、鱼跃前滚翻、头手倒立

（注：依九年义务教育小学体育教学教师用书整理）

为了对研究结果进行定量分析，将体操垫上动作对学习领域目标的支持程度分成4个等级，并为其设定4个符号且赋值："□" =4，表示对该目标有关键支持作用，即该目标的实现对其有直接依赖作用；"△" =2，表示对该目标有重要支持作用，即该目标的实现对其有一定依赖作用；"○" =1，表示对目标有一般的支持作用，即该动作对目标的实现起某种作用，在特定的条件下可能起重要作用；"◇" =0，表示与目标无关，即该动作仅有极小概率对目标的实现起支持作用。

体操垫上动作与课程目标的交互效应分析：通过对专家进行调查可知，体操垫上动作与目标交互作用矩阵（表4－5），矩阵图中每一行表示体操垫上动作对目标的支持程度。我们定义：d（i）为第 i 项体操素材的直接关联指数，它表示第 i 项体操垫上动作对学习领域目标系统的直接贡献。d（i） $=\sum a$（ij） $\times W$（j），式中 W（j）为权重，a（ij）为体操垫上动作与目标交互作用矩阵的矩阵元，其值由 a（ij）的值或◇决定。

表 4－5　体操垫上运动与课程目标之间的交互作用 D 值数据统计结果表

动作	课程目标					D 值	排序
	运动参与	运动技能	身体健康	心理健康	社会适应		
前滚翻直腿坐	1.7	2	1.5	1.25	1.2	1.61	8
前滚翻成屈腿坐撑	1.8	2.1	1.4	1.4	1.6	1.66	7
前滚翻	3	3	2.2	1.8	2	2.62	1
横叉	1.4	2.2	1.6	1.45	1.35	1.53	9
纵叉	2.9	2.5	2	1.7	2.1	2.44	4
后滚翻	2.7	2.6	2.1	1.75	1.75	2.38	6
前滚翻接后滚翻	1.6	1.6	1.55	1.25	1.45	1.51	10
跪跳起	2.8	2.8	2	2.1	1.9	2.46	3
仰卧推起成桥	2.8	2.7	2.3	2.2	1.7	2.53	2
侧手翻	1.3	1.55	1.6	1.2	1.4	1.37	15
前滚翻交叉转体 180°	1.35	1.7	1.65	1.25	1.25	1.43	12
肩肘倒立	1.4	1.7	1.5	1.2	1.5	1.41	13
连续前滚翻	2.6	2.7	2.25	2	1.9	2.40	5
鱼跃前滚翻	1.45	1.25	1.8	1.6	1.4	1.48	11
头手倒立	1.45	1.4	1.5	1.35	1.5	1.41	14

注：D 值小数点后保留两位，四舍五入。

体操垫上动作与动作之间的交互效应分析：研究发现，仅根据直接关联指数（D 值）的大小下结论，数据支撑不够充分。有些体操垫上动作虽对实现学习领域目标没有直接作用，但它们通过支持其他素材对学习领域目标的实现有不可或缺的间接作用。因此，我们还需要进一步分析体操垫上动作与动作的交互作用。“体操垫上动作与动作的交互作用”是指学习一项体操动作对学习另一项体操动作的积极影响，这种影响和作用我们也将其分为四级，符号和赋值与“体操垫上动作与目标交互作用”矩阵元相同。体操垫上动作之间交互作用矩阵见表4－6。在此，我们定义t（i）为第i项体操垫上动作的总关联指数。t（i）$=\sum b$（ij）$\times d$（j），式中d（j）为相应的体操素材的直接关联指数，矩阵元b（ij）表明第i项体操动作对第j项体操动作的支持程度，它由b（ij）来决定。T值的大小表明体操动作对目标的全部贡献的大小，它既包括体操垫上动作对目标的直接贡献，又包括体操垫上动作对目标的间接贡献。

表4－6　体操垫上动作之间的交互作用T值数据统计表

	前滚翻直腿坐	前滚翻成屈腿坐撑	前滚翻	横叉	纵叉	后滚翻	前滚翻接后滚翻	跪跳起	仰卧推起成桥	侧手翻	前滚翻交叉转体180°	肩肘倒立	连续前滚翻	鱼跃前滚翻	头手倒立	T值	排序
D值	1.61	1.66	2.62	1.53	2.44	2.38	1.51	2.46	2.53	1.37	1.43	1.41	2.40	1.48	1.41	/	/
前滚翻直腿坐	4	3	3	0.9	1.25	2	3	1.15	0.9	2	3.2	1.15	3.65	3	1.25	62.00	9
前滚翻成屈腿坐撑	3.15	3.3	4	1.1	1.05	2	2.05	1.2	1.25	1.85	3	1.6	3.05	3	1.3	61.92	10
前滚翻	4	4	4	1.75	1.4	2.2	3.5	2.1	1.5	2.5	4	1.8	4	4	1.8	78.88	1
横叉	1.75	1.8	1.5	4	4	1.55	1.7	1	1.1	3.5	1.7	1.45	2	2	1.45	56.19	14
纵叉	1.9	2.5	2.25	3.9	4	1.8	1.9	2	2.05	1.95	1.9	2.1	1.75	1.9	2.35	64.76	6
后滚翻	2.5	2.25	2.5	1.75	1.8	4	3.5	1.5	2.9	2.1	2.85	3.5	3.05	3	3.2	75.37	3
前滚翻接后滚翻	2	2.4	2.3	1.75	2.1	2.9	4	2	2.05	1.3	3.2	1.35	2.7	2.2	1.5	64.19	7
跪跳起	2.5	2	2.5	1.9	1.75	2.35	2.5	4	1.9	2.3	1.9	1.9	2.35	1.9	2.3	65.33	5
仰卧推起成桥	2	1.9	1.7	2.25	2	3.25	3	1.75	4	3.5	2.25	2.6	2.5	1.7	3.75	69.70	4
侧手翻	1.6	1.75	1.5	2.5	1.85	1.7	3	1.9	2	4	2.2	1.8	2.3	2.05	2.1	58.74	12
前滚翻交叉转体180°	2.1	2.5	4	1.3	1.5	2.1	2.2	1.4	1.75	1.8	3	1.8	2.75	2.8	2	62.71	8
肩肘倒立	1.25	1.3	1.3	1	1.75	3.25	2.1	1.65	2.05	1.9	1.6	4	1.45	1.5	3.75	55.05	15
连续前滚翻	3.5	3.25	4	2.1	1.85	1.9	2.25	2.3	1.8	2.2	3.75	2.5	4	3.75	2.2	77.52	2
鱼跃前滚翻	2.1	3	2.3	1.9	2.05	1.55	2.05	2	1.4	1.9	2.4	1.5	3	4	1.8	61.35	11
头手倒立	2	1.45	2.2	1.05	1.4	2.75	2.3	1.5	1.4	1.6	2.1	3.05	2.05	2.2	4	56.98	13

注：小数点后保留两位，四舍五入。

这里需要指出，体操垫上动作与动作交互作用矩阵和体操垫上动作与目标交互作用矩阵有两点不同：体操垫上动作与动作交互作用矩阵是 M × M 方阵，而体操垫上动作与目标交互作用矩阵不是方阵；体操垫上动作与动作交互作用矩阵的对角线元素，即 b（ij），（$I=1$，2，3，…，M），均为□，它表明每项体操垫上动作对自身起关键支持作用，而在体操垫上动作与目标交互作用矩阵中，任一元素都要由体操垫上动作与目标的相互作用决定，它们之间没有什么特殊关系。

（三）小学校园体操素材优化的结果分析

项目贡献值方面：分析表 4－5、表 4－6 可以得知，D 值和 T 值均大的项目主要集中在前滚翻、仰卧推起成桥、连续前滚翻，此内容对课程目标的总贡献值较大（包括直接的与间接的），在筛选体操垫上动作时应优先考虑，且课时比重需给予保证。D 值和 T 值均小的项目主要是头手倒立、侧手翻等内容。因此，在筛选内容时，可以忽略或简单介绍。需要说明的是，这些忽略或简单介绍的内容，并不代表内容本身没有价值，而是其本身对实现小学体育与健康课程目标的贡献较小，所以在小学体育课程中开设次数不宜过多。

体操垫上动作开设顺序方面：通过删除表 4－6 中 3 项 D 值和 T 值均小的内容侧手翻、肩肘倒立和头手倒立，重新构建体操素材与素材交互作用矩阵（表 4－7）。需要注意的是：①体操素材已不是备选内容，而是已经准备实践的内容。②表 4－7 的矩阵元从每一行来分析，表明一项对其他内容的支持及支持程度，而从每一列来看，则表明一项内容对其他内容的依赖及依赖程度。③该顺序是在只考虑体操垫上动作与动作之间的支持和依赖程度的情况下得出的，没有考虑教学条件、教师知识水平等影响动作实施的其他因素。最后，我们定义：r（j）为第 j 项内容的依赖指数，r（j）$=\sum b$（ij）。将 12 项体操垫上动作的依赖指数从小到大排列我们可以得出，体操垫上动作开设的先后顺序：横叉、前滚翻交叉转体 180°、鱼跃前滚翻、前滚翻直腿坐、前滚翻接后滚翻、前滚翻成屈腿坐撑、跪跳起、仰卧推起成桥、纵叉、后滚翻、连续前滚翻和前滚翻。

表 4-7　体操垫上动作之间的交互作用矩阵表

	前滚翻直腿坐	前滚翻成屈腿坐撑	前滚翻	横叉	纵叉	后滚翻	前滚翻接后滚翻	跪跳起	仰卧推起成桥	前滚翻交叉转体180°	连续前滚翻	鱼跃前滚翻
前滚翻直腿坐	6.44	4.98	7.86	1.38	3.05	4.76	4.53	2.83	2.28	4.58	8.76	4.44
前滚翻成屈腿坐撑	5.07	5.48	10.48	1.68	2.56	4.76	3.10	2.95	3.16	4.29	7.32	4.44
前滚翻	6.44	6.64	10.48	2.68	3.42	5.24	5.29	5.17	3.80	5.72	9.6	5.92
横叉	2.82	2.99	3.93	6.12	9.76	3.69	2.57	2.46	2.78	2.43	4.8	2.96
纵叉	3.06	4.15	5.90	5.97	9.76	4.28	2.87	4.92	5.19	2.72	4.2	2.81
后滚翻	4.03	3.74	6.55	2.68	4.39	9.52	5.29	3.69	7.34	4.08	7.32	4.44
前滚翻接后滚翻	3.22	3.98	6.03	2.68	5.12	6.90	6.04	4.92	5.19	4.58	6.48	3.26
跪跳起	4.03	3.32	6.55	2.91	4.27	5.59	3.78	9.84	4.81	2.72	5.64	2.81
仰卧推起成桥	3.22	3.15	4.45	3.44	4.88	7.74	4.53	4.31	10.12	3.22	6	2.52
前滚翻交叉转体180°	3.38	4.15	10.48	1.99	3.66	5.00	3.32	3.44	4.43	4.29	6.6	4.14
连续前滚翻	5.64	5.40	10.48	3.21	4.51	4.52	3.40	5.66	4.55	5.36	9.6	5.55
鱼跃前滚翻	3.38	4.98	6.03	2.91	5	3.69	3.10	4.92	3.54	3.43	7.2	5.92
R 值	50.73	52.96	89.22	37.65	60.38	65.69	47.82	55.11	57.19	47.42	83.52	49.21

注：小数点后保留两位，四舍五入。

四、小学趣味体操方案设计的判定

参照上文有关教学内容筛选与优化的结果，本文选择了七种（勤劳互助好帮手、熊猫大团圆、动物园拔河、欢乐水果桥、快乐跳跳虫、淘气的刺猬、我们都是消防员）不同的小学体操教学方案进行趣味性优化，并通过专家调查法对优化后教学内容的合理性进行检验。问卷主要包括教学方案设计原则的符合程度、对教学目标的达成情况、教学组织形式的合理性、教学方案的整体评价四个方面。

（一）教学方案对设计原则的符合程度

“1”代表非常不符合，“3”代表不符合，“5”代表一般，“7”代表较符合，“9”代表非常符合。7 个方案分别用“F1”“F2”“F3”“F4”“F5”“F6”“F7”表示，设计原则趣味性、安全性、简易性、目的性、多样性、全面性分别用“A”“B”“C”“D”“E”“G”表示。从表 4－8 可以看出，7 个教学方案均符合趣味性、安全性、简易性、目的性、多样性、全面性等方面的教学设计原则，同时 F5 和 F6 两个方案的总体值相比偏低，应进一步研究和完善。（表 4－8）

表 4－8　教学方案对设计原则的符合程度表

原则	方案						
	F1	F2	F3	F4	F5	F6	F7
A	7	7.13	7.13	7.25	6.38	6.5	7.38
B	6.75	7.38	7.13	7	6.5	6.75	7.25
C	7.37	8	7	8	6.75	7.88	8.13
D	7.25	7.25	7	7.38	7.5	6.38	7.25
E	7.38	7.25	7.38	7.25	6.75	6.75	7.5
G	7.5	7.25	8.25	7	7.25	7.13	7.63

注：小数点后保留两位，四舍五入。

AF1：$(5\times3+7\times10+9\times3)/16=7$

AF2：$(5\times2+7\times11+9\times3)/16\approx7.13$

AF3：$(5\times3+7\times9+9\times4)/16\approx7.13$

AF4：$(5\times2+7\times10+9\times4)/16=7.25$

AF5：$(5\times5+7\times11)/16\approx6.38$

AF6：$(5\times5+7\times10+9\times1)/16=6.5$

AF7：$(7\times13+9\times3)/16\approx7.38$

BF1－GF7 依次算出数值（以下省略计算步骤）。

（二）教学方案对教学目标的达成情况

“1”代表非常不符合，“3”代表不符合，“5”代表一般，“7”代表较符合，

“9”代表非常符合。7个方案分别用“F1”“F2”“F3”“F4”“F5”“F6”“F7”表示，教学目标运动参与、技术能力、情感态度分别用“A”“B”“C”表示。从表4－9可以看出，7个教学方案的教学目标达成情况比较好，分值均在6分以上，个别分值达到了8.5分。教学目标是教学内容的设计与优化的依据，通过趣味性的设计达成教学目标，有利于调动学生的积极性和方案设计的推广。

表4－9　教学方案对教学目标的达成情况表

目标	方案						
	F1	F2	F3	F4	F5	F6	F7
A	7.5	7.25	7.38	7.25	7.13	6.25	7.5
B	7.25	8	7.15	8	6.25	7.13	7.38
C	7.15	7.25	7.38	8.5	7	6.88	8.13

注：小数点后保留两位，四舍五入。

（三）教学组织形式的合理性

“1”代表非常不符合，“3”代表不符合，“5”代表一般，“7”代表较符合，“9”代表非常符合。7个方案分别用“F1”“F2”“F3”“F4”“F5”“F6”“F7”表示。从表4－10可以看出，7个教学方案的教学组织形式比较合理，有利于使教学活动多样化，满足不同学生的学习需求，让每个学生都尽可能地参与其中，体验活动的乐趣，达到提高身体素质的目的。分值相对较低的方案应进行进一步的研究分析，使该方案的教学组织形式更加合理。

表4－10　教学组织形式的合理性情况表

方案序号	分值
F1	8
F2	8.13
F3	7.88
F4	7.38

续表

方案序号	分值
F5	7
F6	6.88
F7	8.5

注：小数点后保留两位，四舍五入。

（四）教学方案的整体评价

“1”代表非常不符合，“3”代表不符合，“5”代表一般，“7”代表较符合，“9”代表非常符合。7个方案分别用“F1”“F2”“F3”“F4”“F5”“F6”“F7”表示。通过对16名教师的调查发现，所有教师均认为方案的设计符合小学生的身心发展规律及年龄特征。从表4－11可以看出，第2个方案和第7个方案排名靠前，第5个方案和第6个方案排名靠后。从教师反馈的意见来看，这两个方案设计需要进一步加强多样性。

表4－11　教学方案的整体评价表

方案序号	分值	排序
F1	7.13	5
F2	8.00	2
F3	7.25	4
F4	7.75	3
F5	6.75	7
F6	6.88	6
F7	8.13	1

注：小数点后保留两位，四舍五入。

五、案例一：熊猫大团圆

（一）教学目标

运动参与：提高学生参与运动的积极性。

技术能力：发展学生的平衡能力、灵敏性。

情感态度：培养学生的合作能力。

（二）教学内容

前滚翻。

（三）教学对象

小学水平一学段学生。

（四）教学准备

体操教室（舞蹈教室）、平整的场地1块、熊猫图片2张、摆放好彩色体操垫若干、熊猫头饰若干、软沙包若干、音响1个、方形物体1个、带米奇图案的硬质气球1个。

（五）教学组织

第一步，教师带领学生进行准备活动，防止运动损伤的发生。专项准备活动中的主要练习有：教师带领学生进行头部运动，指导大家用头写数字1、2、3等；活动一下腕关节、踝关节，并在教师的带领下，学生们大胆模仿可爱的熊猫，体会各种翻滚动作。练习者坐在垫子上，屈膝团身，双手抱紧小腿，向后滚动至头颈部触垫，然后腹肌带动上体向前滚动至屈膝团身坐。往返为1次，连续完成5次，成屈膝团身坐结束。教师先拿出熊猫的图片展示给学生们："大家说熊猫可爱不可爱?"同学们异口同声地说："可爱。""要过年啦，熊猫家族要大团圆啦，让我们一起翻滚起来，好不好?"然后教师进行提问："大家说为什么熊猫能滚动?对的，因为它是一个圆球哦，所以说我们的身体想要滚动，也要团成一个圆球哦!"

第二步，教师将学生分成两组，每组人数相等。首先，摘下头饰，给每名同学发放一个软质小沙包，当作一个可爱的小熊猫，每个人要低头、夹住自己的小熊猫，保护好它们不能掉落，此时团身抱膝模仿熊猫进行前后左右滚动，体会翻滚过程中低头的重要性。接下来，教师利用准备好的方形沙包和排球在垫子上进行展示，让它们分别在垫子上滚动，大家会发现，方形沙包会利用惯性向前滚动一点就停下来，而米奇球可以滚得很远，这样可以直观地告诉大家，自己的身体想要滚动，必须要团成一个球。此时，学生们对滚动和低头都有所了解，教师再带领大家进行蹲和撑的练习。经过师生的共同努力和分组练习，学生对蹲、撑、低头、滚都有所掌握，并可以做出连贯的动作。

第三步，教师组织进行熊猫团圆大 PK，两组同学分别站在垫子后面，教师在垫子的前方准备一个竹筐，里面有各种水果，但是大家要再做一个前滚翻才能得到，并且脚要落在前方指定区域。两组进行 PK，在规定时间内哪组拿到的水果多，哪组就获得胜利，并且哪组的成员就能得到自己的战利品。最后教师带领大家跳舞，放松身心。

（六）注意事项

（1）活动前，一定要先进行充分的准备活动。

（2）由于强度较大，教师要控制好活动时间，每场比赛进行 5 ~ 10min，每次课进行一场。要时刻注意安全，防止伤害事故的发生，并及时进行放松调整。

（3）练习滚动时，可以佩戴动物头饰，开始进行滚翻活动时，头饰要放到安全区域。

“熊猫大团圆”教学过程如图 4 – 1 所示。

图 4 – 1　“熊猫大团圆”教学过程

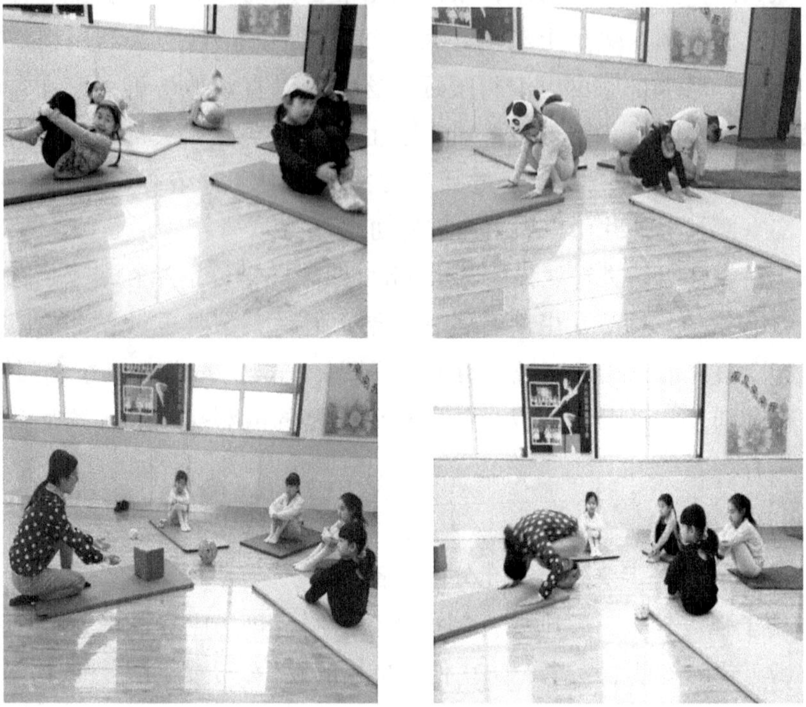

图 4－1　“熊猫大团圆”教学过程（续）

（七）专家评价

教学内容中增添的趣味性元素，能够极大地提高学生的积极性。按照循序渐进的原则进行教学，有助于学生克服练习的恐惧，轻松投入教学中。从低年级学生的身心角度出发，在教学条件允许的情况下，可以在教室的四周贴一些与该教学内容相关的分解图，如熊猫滚动的动作；也可以直接将熊猫的图片粘贴到墙面上，使学生完全处于一个特定的情境中，以此达到教学目标。

六、案例二：我们都是消防员

（一）教学目标

运动参与：提高学生参与运动的积极性。

技术能力：发展学生的平衡能力和柔韧性、灵敏性素质。

情感态度：培养学生克服困难的信心和团结合作的能力。

（二）教学对象

小学水平三学段学生。

（三）教学内容

连续前滚翻、跪跳起。

（四）教学准备

平整的场地1块、彩色体操垫若干、消防员服饰若干、手脚协力板若干。

（五）教学组织

第一步，教师带领学生进行准备活动，使身体各器官、系统得到预热，防止发生运动损伤。专项准备活动中的主要练习为：活动主要关节；教师带领学生复习前滚翻、跪跳起的动作，并做一些拉伸运动。

第二步，教师将学生分成5组，每组2个人，教师向大家提问："我们的消防员是不是很厉害呀？他们在人们遇到困难时总是第一时间赶到，及时为大家解决问题。那么今天我们自己来当消防员，好不好?"大家积极举手说："好!"

第三步，由于已经进行过热身运动并复习过前滚翻的动作，先用动物头饰当受伤的动物，学生们2人1组，互相合作：各自做2个前滚翻，分别越过呼啦圈；做1个跪跳起；平举双手，手拉手绕"8"字形走过前方的障碍，最后2人共同救助小伤员。教师评出优秀的消防员，哪组用时最短，哪组同学即为优秀消防员，其他组的同学都是勇敢消防员，大家为彼此竖大拇指。最后，同学们在教师的带领下进行放松运动，逐渐恢复到安静时的心率。

（六）注意事项

（1）此内容作为综合性的练习，不仅能够提高平衡能力、柔韧性等身体素质，而且可以培养学生的合作意识，使同学之间相互帮助，共同克服困难。

（2）该水平段的小学生已经学习过前滚翻，热身环节要重视，在准备练习前滚翻时，注意纠正动作，并及时进行放松练习。

"我们都是消防员"教学过程如图4－2所示。

图 4－2　“我们都是消防员”教学过程

（七）专家评价

教学内容偏重综合性，根据该学段学生的年龄特征进行了合理化设计。同时将安全教育融入教学内容之中，与学生的日常生活密切联系，使其教育意义更加深刻。通过扮演消防员，学生既能切身体会消防员的伟大，也能建立起自我保护的意识，小小的自豪感油然而生。

结论

（1）通过锻炼内容与课程目标交互效应分析和锻炼内容与锻炼内容交互效应分析得出：*D* 值前 3 位的项目为前滚翻、仰卧推起成桥和跪跳起；*T* 值前 3 位的项目为前滚翻、连续前滚翻和后滚翻；*D* 值后 2 位的项目为头手倒立和侧手翻；*T* 值后 2 位的项目为肩肘倒立和横叉。

（2）*D* 值与 *T* 值均大，说明内容对目标的直接贡献度量较大，在开展体操垫上运动教学时，应优先考虑并对它们的开设予以保证，这些运动项目集中在前滚翻和后滚翻；*D* 值与 *T* 值均小，说明这些运动项目对培养目标的直接贡献度量较小，在教学时应该被替换或暂时不予组织教学，这些运动项目主要集中在头手倒立和侧手翻等。

（3）本文根据小学生身心发展的特点，将身体素质的培养与教学内容紧密结合，有针对性地组织设计了体操垫上运动的教学内容，极大地促进了小学生体育锻炼的效果、提高了小学生的身体素质。

（4）专家和教师对小学趣味体操教学内容设计评价较好，普遍认为这样的设计符合教学设计原则，教学组织形式合理，有效促进教学目标达成，增加了小学生参与体育课的兴趣，充分调动了他们练习的积极性，对小学生产生了积极的影响。

专题五
小学生大课间活动的组织与实施研究

研究目的与意义

一、研究目的

（1）紧密围绕“每天锻炼一小时”这一学校体育核心目标，以改善天津市小学生体质健康状况为方向，聚焦天津市小学生大课间活动这一特定阶段，针对当前“每天锻炼一小时”的实施情况和大课间活动组织的调查研究，分析原因，总结问题。

（2）基于提高身体素质，以不同运动项目为手段，设计发展学生身体素质的具体案例，力求科学性与趣味性的统一。

（3）针对当前大课间活动的组织模式，给予不同的实施方案，突出应用性与实践价值，确保学生“每天锻炼一小时”目标的实现。

二、研究意义

（1）通过对天津市小学“每天锻炼一小时”落实情况和大课间活动组织的调查研究，明确天津市小学“每天锻炼一小时”和大课间活动的现状及存在的问题；通过对大课间活动的理论依据、基本要素和组织形式的分析，进一步丰富大课间活动的理论体系。

（2）针对大课间活动的现状和小学生群体的心理特征，基于提高学生身体素质，设计具有可操作性的大课间活动的实施案例，为天津市小学大课间活动的开展提供直接参考，对于天津市小学贯彻落实学校体育“每天锻炼一小时”目标要求，为更好地组织开展大课间活动提供有力支撑。

研究对象与方法

一、研究对象

以天津市小学生大课间活动的组织与实施作为研究对象。分析大课间活动的现状及存在的问题，在此基础上以发展学生身体素质为导向，以不同运动项目为具体手段，设计天津市小学大课间活动的组织与实施方案。

二、研究方法

（一）文献资料法

以天津体育学院图书馆和中国知网检索为基础，以“每天锻炼一小时”“学生体质”“大课间活动”为主题，检索与研究主题相关的文献资料。共检索与研究紧密相关的文献资料 324 篇，实际应用于研究的文献资料 58 篇，通过归纳总结完成文献综述，并以此作为研究的理论依据和研究基础。

（二）问卷调查法

1. 问卷内容设计

科学设计天津市小学“每天锻炼一小时”实施情况调查问卷，问卷内容主要包括三部分：一是被调查者及所在学校的基本信息；二是被调查者所在学校“每天锻炼一小时”基本情况调查，如体育与健康课程、大课间活动和课外活动等基本情况；三是被调查者对于“每天锻炼一小时”开展实施的建议。

2. 问卷信度与效度分析

在编制完成天津市小学“每天锻炼一小时”实施情况调查问卷之后，对问卷进行信度和效度检验。首先以专家评价方式对问卷的内容效度进行检验，邀请 5 名学校体育领域专家教授对调查问卷进行判断，按照专家意见对问卷进行修改后再次提交专家判断，全部专家通过后确定问卷调查内容与调查目的相符效性。其次对回收的调查问卷进行信度分析，采用克朗巴哈系数对回收问卷进行可靠性检验，通过 SPSS 17.0 软件数据分析得到此问卷的克朗巴哈系数为 0.76，属于0.7~0.8的信度范围阈值区间，表明问卷具有较好的可信度。

3. 问卷的发放与回收

抽取了天津市所属各区的 30 所小学，以所在学校的体育教师为主要调查对象，发放天津市小学“每天锻炼一小时”实施情况调查问卷。问卷调查以网络调查为主要形式，共发放问卷 86 份，收回有效问卷 64 份，有效率为 74.4%。

（三）访谈法

以直接访谈的形式对天津市 8 所学校的部分体育教师进行集中访谈，参加访谈的教师人数为 12 人。访谈的主要内容包括：（1）受访者所在学校组织开展大课间活动的基本情况介绍，如大课间活动开展时间、开展内容、组织形式和学生参与程度等；（2）受访者认为所在学校大课间活动开展的主要影响因素和问题，如场地设施、学生人数、内容统筹和开展效果等；（3）受访者对于当前规范大课间活动、提升大课间活动质量的建议。

研究结果与分析

一、大课间活动的理论分析

（一）大课间活动的主要原则

1. 坚持“健康第一”核心理念

“健康第一”是学校体育“以人为本”宗旨的本质体现，倡导追求知识与满足情感的归一，强调学校体育讲求和谐，彰显了学校体育的基本目标。大课间活动也要坚持这一理念，努力构建知识与技能、过程与方法、情感态度与价值观有机统一的目标结构，在强调学生体育锻炼的同时，融合与学生健康成长相关的知识。通过大课间活动的实施，使学生掌握运动技能、发展体能，逐步形成健康和安全的意识及良好的生活方式，促进学生身心协调、全面发展。

2. 因地制宜，灵活多变

对于不同地区和不同条件的学校，大课间活动的实施在秉承核心规律和原则的前提下要因地制宜、灵活组织。例如，在场地不足或者设施缺乏的状况下，要合理安排学生的活动时间，采用灵活机动的方式最大限度地利用好现有场地设施；在大型或集体活动不能组织开展时，可以班级、年级或者学生社团为单位，以灵活多样的方式组织开展大课间活动。

3. 关注个体差异，促进自主学习

在充分发挥教师主导作用的同时，重视学生在活动过程中的主体地位，注重培养学生自主活动，注重合作和探究学习的能力，促进学生掌握体育与健康学习的方法，增强身体素质。强调在保证学校体育基本要求的前提下，充分关注不同地区、学校和学生之间的差异。各地区和学校要根据大课间活动的目标及内容，因地制宜，合理选择和设计大课间活动实施内容，有效运用教学方法和评价手段，努力使每一位学生都能接受以大课间活动为主要手段的基本的体育与健康教育，促进学生的不断进步和发展。

4. 竞争性与趣味性相结合

大课间活动在目标的确定、活动内容和组织方法的选择与运用方面，注重与学生的学习和生活经验相联系，引导学生体验运动乐趣，提高学生参与大课间活动的兴趣；重视对学生进行正确的体育价值观和责任感的教育，培养学生刻苦锻炼的精神，促进学生主动参与体育活动，基本形成体育锻炼习惯。同时，要充分发挥运动项目的竞技性特征，广泛通过竞技性活动来培养学生顽强拼搏的意志品质和交流协作的团队精神，将趣味性和竞争性有效结合，最大限度地实现大课间活动的价值功能。

（二）大课间活动的基本要素

大课间活动的基本要素包括活动目标、活动内容与特征、参与者特征分析、资源条件、组织模式和评价反馈等要素。

1. 活动目标

大课间活动的实施目标主要包括运动项目知识与技能、过程与方法及情感态度与价值观三方面。通过大课间活动的组织开展，不仅要学生掌握体育运动项目的基本知识和基础技能，还要在参与大课间活动的过程中获得坚强、合作、信任和成败的情感体验，树立积极向上的价值观，实现学生“每天锻炼一小时”的最终目标和最大成效。

2. 活动内容与特征

中小学大课间的活动内容可包含体操、舞蹈、身体素质练习、趣味游戏、特色活动和球类活动六大类；也可让学生选择自己感兴趣的其他活动，如踢毽子、玩飞盘、滚铁环等，提高大课间活动的趣味性。

3. 参与者特征分析

参与者特征分析主要包括参与大课间活动的学生的学习起点分析、学习风格分析、动机分析和自我效能感分析。处于不同年级和年龄阶段的学生对于不同运动项目的认知和技能水平高低各不一样，学习信心不相同，对自己的要求也不一样。在活动过程中，教师要进行不同程度的讲解、练习和评估，要求参与学生基本掌握实施内容。同时，注重协作学习、小组讨论、分享交流，有利于提高学生参与大课间获得的自我效能感。

4. 资源条件

资源条件包括大课间活动案例实施所需要的场地、设施、器材、师资、教学基础、竞赛活动、文化氛围和气候条件等。例如，东北地区在冬季教学期可以组织开展雪地足球比赛，场地较小的学校可以采用不统一集中、分时段灵活组织活动的形式开展大课间的相关活动。

5. 组织模式

自组织模式是指学生根据个人意愿以个体形式自发地参与到喜欢的项目的大课间活动中。半组织模式是指学生以体育社团或者活动小组为单位组织参与大课间活动的组织模式。被组织模式是指学生在学校的统一安排下，由教师全程指导，集中参与大课间活动的组织模式。

6. 评价反馈

在一学期或者一阶段的大课间活动完成后，需要对于这一阶段的实施成效进行总结性评价，优化大课间活动设计内容和实施过程，给学生带来更好的运动体验和锻炼成效。

二、天津市小学“每天锻炼一小时”实施情况调查和大课间活动组织的访谈分析

（一）对天津市小学“每天锻炼一小时”实施情况的分析

回收问卷的指标统计和分析表明，天津市小学“每天锻炼一小时”的实施情况较好。调查显示，天津市小学能够积极贯彻落实国家政策要求，对“每天锻炼一小时”持有积极态度，在坚持体育课程教学的基础上采用大课间活动、课外训练和竞赛等方式，确保在校学生“每天锻炼一小时”目标的实现。

（二）天津市小学大课间活动组织的访谈分析

调查显示，大课间活动在全部受访者所在的学校已组织开展多年，成为天津市各小学学校体育活动的重要组成部分。大课间活动组织的时间段主要集中在教学周每天的上午第二节与第三节课间，少数安排在下午的第二节课之后。大课间活动的主要内容由体操、球类、跳绳、跑步等传统项目及踢毽子、武术套路、舞蹈、小范围拓展活动等学校特色体育项目组成。与体育与健康课程相比，大课间活动更为灵活，学生自由度高，参与的积极性较高，但是考虑到学生参加体育活动的安全性，大部分学校在大课间活动开展上采取的是统一组织、统一内容、统一指导的集体形式。场地设施的不足及大课间活动内容的不适时更新是当前制约大课间活动质量提升的主要因素。对于大课间活动的组织模式，在确保学生安全性的前提下，多数受访者认为以体育社团或者兴趣小组为代表的半组织模式应该成为学校大课间活动的主要组织模式。

（三）天津市小学大课间活动组织的问题分析

调查显示，当前天津市小学基本能够围绕“每天锻炼一小时”这一学校体育活动目标，组织开展学校体育活动，开展体育与健康课程，积极组织学校的大课间活动，同时有条件的学校还主动开展学生的课余训练和竞赛活动，为“每天锻炼一小时”目标的具体落实提供了坚实基础。同时，与体育与健康课程的实施相比，天津市小学在大课间活动的组织过程中呈现了缺乏统一规范的文件指导、大课间活动内容较为杂乱，尚未形成具有鲜明特色的内容体系及组织模式表现多样化、被组织模式占主导地位等一系列特征。

教师访谈结果显示：多数教师认为，大课间活动的统一规范化有利于学校体育活动质量的提升，倡导在科学规范的基础上开展具有学校鲜明特色的大课间活动，同时提倡学校大课间活动应由被组织模式逐步向自组织模式转化，让体育锻炼真正成为学生的自发需求。

三、大课间活动案例设计

（一）基于协调性发展大课间活动案例设计——动感韵律操

1. 活动目标

通过动感韵律操的学习和锻炼，提高学生肢体动作的协调性，体验欢快动感的韵律节奏，获得运动带来的身心愉悦感。

2. 活动特征

小学阶段是发展学生协调性素质的重要阶段，处于此年龄阶段的学生天性好动，对体育练习充满兴趣，尤其是以韵律操的形式对学生进行协调性训练，可以提高学生练习的积极性和主动性。

3. 适宜对象

运用动感韵律操开展大课间活动较为适宜的对象是小学 1 ~3 年级的学生和4 ~6 年级的女生。1 ~3 年级的学生处于参加体育锻炼的初始阶段，易接受新鲜事物。4 ~6 年级的女生对符合其性别特征的运动项目更感兴趣，更愿意参与其中。

4. 场地器材

场地：学校操场。

器材：音响设备、韵律操音乐伴奏带：《小跳蛙》《七彩阳光》《青春节拍》。

5. 活动内容

（1）准备环节：音乐舒缓，动作节奏稍慢，以集中学生注意力和热身为目的。

主要内容：头颈活动、上肢扩展、左右转体、蜷身下蹲、原地踏步。（图 5 –1 至图 5 –5）

图 5－1　头颈活动

图 5－2　上肢扩展

图 5－3　左右转体

图 5－4　蜷身下蹲（1）

图 5－4　蜷身下蹲（2）

图 5－5　原地踏步

（2）基本环节：音乐欢快，动作节奏较快，以创造适宜的运动强度的学习环境为目的。

主要内容：原地前点地、原地侧点地、踏步走拍手抬腿、迈步抬臂拍手后退、侧并步、后踢腿、双手叉腰跳跃、双手扣肩跳跃、举手原地奔跑、小马跳、开合跳。（图 5－6 至图 5－16）

图 5－6　原地前点地

图 5－7　原地侧点地

图 5－8　踏步走拍手抬腿

图 5－9　迈步抬臂拍手后退（1）

图 5－9　迈步抬臂拍手后退（2）

图 5－10　侧并步

图 5－11　后踢腿

图 5－12　双手叉腰跳跃

图 5－13　双手扣肩跳跃

图 5－14　举手原地奔跑

图 5 – 15　小马跳

图 5 – 16　开合跳

（3）结束环节：音乐舒缓，动作节奏较慢，以放松和调整身心状态为目的。

主要内容：原地踏步。（图 5 – 17）

图 5 – 17　原地踏步

6. 组织形式

（1）学生以班为单位，呈体操队形站立，每个班级选出 1 ~ 2 名动作较为熟练的学生在班级前领跳，教师面向全体学生站立，必要时做镜面示范。

（2）根据学生对韵律操动作的掌握情况，大课间前期采用被组织的集中模式进行，由教师或者技术动作熟练的学生带领全体学生一起练习，在大课间活动后期，待学生熟练掌握技术动作以后，可以根据实际情况适当采用班级小组或社团的组织模式进行。

7. 评价反馈

优化动作和伴奏音乐，提升学生参与大课间活动的兴趣，不断增强韵律操大课间活动对于学生的吸引力，给学生带来更好的运动体验和锻炼成效。

（二）基于灵敏性发展大课间活动案例设计——花样跳绳

1. 活动目标

通过采用多种形式的跳绳活动，提高学生的灵敏性，体验跳绳运动的独特魅力，同时双人跳绳和小组跳绳可以提高同伴间的协作能力。

2. 活动特征

花样跳绳对学生要求较高，因此适用于小学4～6年级的学生发展灵敏性。小学1～3年级的学生可以从基础性的双脚跳绳过渡到单脚跳，循序渐进。高年级的学生可以采用花式动作，体验更多的锻炼乐趣。花样跳绳能够很好地培养学生的灵敏性及与同伴间的协作能力。

3. 适宜对象

运用花样跳绳开展大课间活动较为适宜的对象是小学1～3年级（基础性的动作）、小学4～6年级的学生（难度略高的花式动作）。

4. 场地器材

场地：学校足球场、篮球场、教学楼下较为宽敞平整的场地都可以开展跳绳活动。

器材：单人跳绳、双人跳绳、长跳绳。

5. 活动内容

花样跳绳大课间活动的内容主要包括单人跳绳、双人跳绳和小组跳绳3部分。

（1）单人跳绳：双脚跳绳、单脚跳绳、双手交叉跳绳、双脚交替跳绳。（图5－18至图5－21）

图 5 - 18　双脚跳绳

图 5 - 19　单脚跳绳

图 5 - 20　双手交叉跳绳

图 5－21　双脚交替跳绳

（2）双人跳绳：双人对面跳绳、双人正面跳绳、双人同摇跳绳。（图 5－22 至图 5－24）

图 5－22　双人对面跳绳

图 5－23　双人正面跳绳

图 5－24　双人同摇跳绳

（3）小组跳绳：三人跳长绳、多人跳长绳。（图 5－25、图 5－26）

图 5－25　三人跳长绳

图 5－26　多人跳长绳

6. 组织形式

（1）学生以班为单位，学生之间保持足够跳绳的间距，呈队形站立。在开始跳绳前，由教师或学生带领进行5min的热身活动，重点是手腕、膝关节和脚踝等部位。准备活动的形式可以模仿小飞机起飞，张开双臂，抖抖手腕，屈膝下蹲蹦一蹦，以吸引学生注意力并起到一定的热身锻炼作用。

（2）根据学生对跳绳各种技术动作的掌握情况，大课间前期采用自组织或者半组织模式进行，由教师或者技术动作熟练的学生指导学生练习动作；在大课间活动后期，待学生熟练掌握技术动作以后，可以根据实际情况适当采用集中形式的被组织模式统一进行练习。

7. 评价反馈

教师要根据学生能力和动作掌握程度对花样跳绳的难度进行合理设置，前期应以较为简单的个人跳绳动作为主，在此基础上，逐渐加入双人或小组的跳绳动作练习，适当提高难度。低年级的学生不要求节奏的快慢，高年级的学生可以配合节奏较快的音乐加快跳动的频率。

（三）基于速度素质发展大课间活动案例设计——穿越障碍跑

1. 活动目标

以穿越障碍跑的活动形式发展学生的灵敏性素质和速度素质，提高对快速跑的学习兴趣，同时培养学生主动思考、积极进取的品质和克服困难的精神。

2. 活动特征

穿越障碍跑是一项综合练习，能够充分发展学生的灵敏性和速度素质。小学阶段是发展学生灵敏性和速度素质的敏感期，在此阶段运用穿越障碍跑的形式发展学生的灵敏性和速度素质具有良好的效果，尤其是对于1～3年级的学生。

3. 适宜对象

运用穿越障碍跑开展大课间活动较为适宜的对象是小学1～6年级的学生。

4. 场地器材

场地：学校足球场、篮球场，具有一定的区域空间，便于障碍设置。

器材：标志桶、小跨栏、沙包、球等可用于设置为障碍的器材。

5. 活动内容

（1）标志物绕行。（图 5－27）

沿直线摆放若干标志物，每个标志物间隔 2m，全班同学分成若干组，每组同学呈纵队站立，听到口令，每列同学依次以 S 形通过标志物，然后原路直线跑回，跟下一名同学拍手击掌后，回队尾。被击掌的同学再按原游戏规则依次穿过标志物，依此类推。

图 5－27　标志物绕行

（2）一路捡宝游戏。（图 5－28）

将学生分成若干组，每组同学纵队站立。每组有 3 个沙包和 1 个足球，游戏开始前将足球摆在指定区域，队首的同学每人手中有 3 个沙包。游戏开始后，第一名同学沿直线摆放手中的沙包，然后到指定区域拿到足球，抱着手中足球沿直线返回队列，然后将球交给下一名同学，下一名同学拿到球后沿直线跑到指定区域放好足球，然后沿路将沙包捡起，跑到队列交给下一名同学。依此类推。

图 5－28　一路捡宝游戏

（3）小马过河游戏。（图 5－29）

将学生分成若干组，每组纵队站立。每组前面有若干小跨栏，每个跨栏间距 2m。游戏开始后，听口令，队首的同学依次快速跨越每个跨栏，然后绕行回队跟下一名同学击掌接力，被击掌的同学再依次跨越障碍。

图 5－29　小马过河游戏

6. 组织形式

（1）学生以班为单位，分为若干个小组，每个小组为 8 ~ 10 人。教师讲解并示范穿越障碍的顺序、方法和要求，学生按照教师的要求依次练习。在开始前由教师带领进行 5min 的热身活动。在学生练习的过程中，教师要注意观察，做好保护。

（2）在学生依次进行了 3 ~ 4 次练习并逐步熟悉之后，进行小组间的障碍跑接力比赛。可以采用淘汰制的比赛形式，随机抽取两个小组依次进行，获胜者再次进行，直至决出最后的获胜队。在大课间活动结束前，学生要进行 5min 的放松和牵拉活动。

7. 评价反馈

根据学生的实际情况，逐步增加障碍的难度和趣味性，可在活动前设计好几套方案，便于及时调动学生参与的积极性。

（四）基于综合素质发展大课间活动案例设计——“快乐足球”

1. 活动目标

以“快乐足球”的手段组织开展大课间活动，同时发展学生的基础耐力素质、灵敏性、协调性和速度素质，培养学生主动思考的能力和克服困难的精神。

2. 活动特征

在“快乐足球”大课间活动实施过程中，教师应注重游戏教学法和比赛教学法的运用。在此基础上，提倡教师充分发挥主观能动性，不断丰富和完善足球大课间活动的方法和手段，增强足球运动的吸引力，培养学生的足球兴趣。

3. 适宜对象

运用“快乐足球”开展大课间活动较为适宜的对象是小学 4 ~6 年级的学生。

4. 场地器材

场地：足球场。

器材：足球、标志杆。

5. 活动内容

（1）踩球拉球。（图 5 –30）

全班分为若干组，每组两排，相对站立，排间距 2m。第一排同学踩球使球向前滚，然后再拉球，使球向后滚，回到原位，之后传球给第二排同学做相应动作。要求动作标准到位，按照教师的要求认真练习。

图 5 –30　踩球拉球

图 5－30　踩球拉球（续）

（2）变向往返运球。（图 5－31）

全班分为若干组，每组 8 ~ 10 人，每组一球，每组呈一列纵队。距起点 10m 处设置一标志杆，学生用脚背外侧运球至标志杆后转身再次运球至队列，将球交给下一名同学继续做运球练习。

图 5－31　变向往返运球

（3）单腿跪地抱球。（图 5－32）

主要是练习守门员的抱球动作。全班分为若干组，每组两排，两排同学面对面单膝跪地，一名同学将球滚到对面同学处，对面同学接到球后模仿守门员将球揽入怀中。接到球的同学再将球滚给对面同学，两人之间相互练习。

图 5－32　单腿跪地抱球

6. 组织形式

（1）快乐足球大课间活动先从足球团体操的练习开始，让学生用双手、双脚及身体其他部位多接触足球，培养学生良好的足球感觉和足球兴趣，并达到基本热身的目的。

（2）学生以班级为单位，分为若干个小组，每个小组 8～10 人，教师讲解并示范快乐足球大课间活动的方法和要求，学生按照教师的要求依次练习。在开始前由教师带领进行5min的热身活动，在学生练习的过程中，教师要注意观察，做好保护。

（3）在大课间活动组织的过程中，体育教师和班级教师要积极参与，共同负责，高年级的学生设立学习小组，建立小组长制度，带领学习小组成员自觉共同完成活动内容。通过小组间、班级间、年级间的快乐足球大课间活动，促进相互学习，形成良性竞争，创造快乐足球大课间活动的健康氛围。

7. 评价反馈

针对当前中小学足球水平起点不一，且相当一部分学生足球水平“零起点”的现状，各地可因地制宜、因校制宜选择快乐足球大课间内容。教师应在大课间活动实施前充分了解学生掌握足球技能的基本情况，选择难度适宜的内容。注重校园足球大课间活动的方法和组织形式的改革，因地制宜开发利用各种资源，体现地方特色，不断丰富快乐足球大课间活动的内涵。

结论

（1）天津市小学能够积极贯彻落实国家政策要求，对“每天锻炼一小时”持有积极态度，在坚持体育课程教学的基础上采用大课间活动、课外训练和竞赛等方式，确保在校学生“每天锻炼一小时”的目标实现。

（2）天津市小学具有大课间活动开展的良好氛围，切实保证学生的大课间活动时间，但大部分学校在大课间活动开展上采取的是统一组织、统一内容、统一指导的集体形式。场地设施的不足及大课间活动内容的不适时更新是当前制约大课间活动质量提升的主要因素。

（3）从天津市小学生的身心健康及学校的校本课程目标出发设计了4大块活动内容，增加了活动的种类，丰富了活动形式，充分调动了小学生的运动积极性，达到了“每天锻炼一小时”的目的。

专题六

瑞士球健身操创编及教学效果的实验研究

——以中国民航大学空乘专业女生为例

研究目的与意义

一、研究目的

从空乘职业特点出发，根据飞机特性对人体的要求，结合现代体育科学理论，运用瑞士球这一特殊器械，针对空乘专业女生体育教学的实际情况及空乘女生的接受能力、身心发展和认识规律，研究创编一套行之有效的瑞士球健身操。

二、研究意义

提高学生身体素质的同时，加强空乘职业的特殊身体、心理素质并掌握合理的放松方式，学会疲劳恢复的运动方法，不仅能有效地预防和缓解空中乘务员职业病的发生，还为空乘专业体育课程的教学改革和校本体育课程内容的开发提供理论依据。

研究对象与方法

一、研究对象

以瑞士球健身操创编和教学效果为研究对象，随机抽取 2017 级空乘专业两个班女生分别为 38 人、42 人，共 80 人作为实验对象。

二、研究方法

（一）文献资料法

先后在中国国家图书馆、中国期刊网、天津体育学院图书馆和中国民航大学图书馆等处收集与本课题相关的资料。

（二）问卷调查法

根据本研究的任务和目的，结合对空乘专业领导、教师和相关专家的访谈，遵循体育科研方法关于问卷设计的基本要求，设计了空乘专业学生调查问卷。

（三）专家访谈法

针对本文的内容，分别对从事体操、健美操方面的 9 名知名教师和该校空乘学院 2 名主管领导针对瑞士球健身操的创编、修改，音乐的选取，指标的测试及教学效果等问题征求意见和建议。

研究结果与分析

一、瑞士球健身操的创编

（一）创编的过程

1. 创编的程序

瑞士球健身操成套动作编排的3个基本阶段是瑞士球健身操成套动作编排的基本程序（图6－1）。成套动作编排的3个阶段由于各自活动任务不同，每个阶段的具体内容与操作方法也各不相同。需要明确的是，每个编排阶段的结束意味着下一个阶段的开始，它们之间相互联系，没有明显的界限。在编排的过程中，遇到问题，需要对前一个或两个环节进行必要调整时，则发出相应指令，并予以实施，从而保证成套动作编排高质量、顺利地完成。所以，瑞士球健身操成套动作编排过程是一个设计、实施、调整、修改、发现问题、再调整的不断完善过程。

2. 创编的总体构思

瑞士球健身操的总体构思是在明确创编目的任务及空乘女生的具体情况的基础上，有针对性地对整个操的初步设想。创编操的总体构思是为了设计整个套路的一个框架，之后创编的动作内容要在这个大框架的前提下进行填充。

3. 成套动作的创编

在总体构思指导下，进入了成套动作创编阶段，这一阶段又可以分为建立基本结构、分段创编及成套串联3个小的阶段。分段编排法是把套路分为几个段落，然后根据每一段落的主题思想或是表现形式进行编排的一种方法。

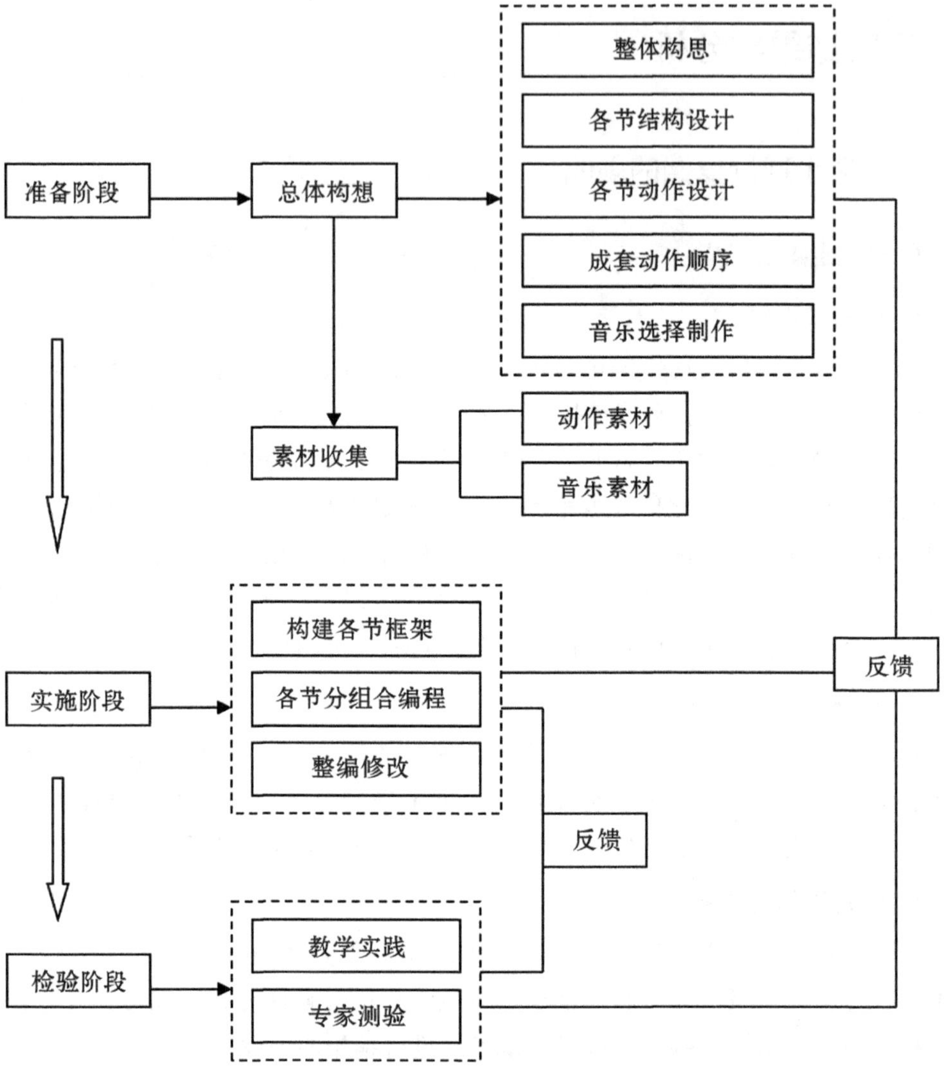

图 6－1　瑞士球健身操成套动作的编排程序

（1）动作选编。

1）动作素材的准备。动作是编排的基础，动作元素的收集过程是比较漫长的。动作选取的好坏将直接影响本套操的创编质量和学生对瑞士球健身操的喜爱程度。在成套动作编排前，经过走访专家、教授，以及通过将相同练习作用的不同动作作用于空乘学生，观察其做动作的姿势正确与否及做动作的规范性，并通过了解其做动作前后的不同感受选择动作元素。针对空乘专业女生的认知和心理特点，选取的动作在简单易学的基础上更注重加入富有时代气息的元素，使整套动作活泼有趣，体现时代性。

2）动作素材准备的方法包括以下两个方面。

第一，在已掌握的动作基础上，通过大量试做各种类型的身体动作、器械动作及集体项目的交换难度、协作及配合动作，为成套动作编排拓展可选择的动作数量和动作类型空间，做好动作储备工作。

第二，开发具有创新价值的难度动作、新的连接方式、新的器械与身体结合动作、新的枢纽动作，为成套动作编排拓展动作创新空间。

（2）成套动作的确立。

1）建立基本结构。瑞士球健身操的基本结构和大多数健身操一样，分为开始、发展、高潮和结束四个环节。

2）分段创编。根据空乘人员的职业特点和瑞士球的锻炼效果，本套操的创编主要分为核心力量训练、平衡训练、头部训练和四肢训练四个环节。

3）成套动作组合与修饰。根据本套瑞士球健身操的创编内容及人体运动的基本规律把以上四个环节的动作适当串联并不断修正，使得学生通过学习能够比较顺畅地完成本套动作，以达到所需的效果。瑞士球健身操动作结构图如图 6－2 所示。

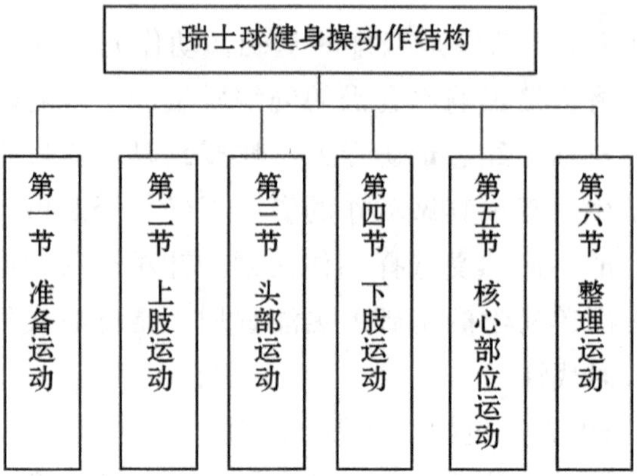

图 6－2　瑞士球健身操动作结构图

二、瑞士球健身操的动作内容

瑞士球健身操的动作是以手持瑞士球、无球及在球上的基本动作形式，伴随音乐，创造出动感的、不间断的、融合高低不同运动强度的组合动作。根据瑞士球的特点设计静力性和动力性动作混合编排成操化组合，是本套操的主要特点，并且模仿了空乘人员经常在站姿状态下劳动、工作的动作，尽可能地扩大身体各部位使用瑞士球的范围，丰富瑞士球与身体结合的方式，小关节动作及对称动作多，表现出本套操的趣味性与锻炼价值。

瑞士球健身操中耐力（四肢、核心部位疲劳部位）动作设计主要利用球的重量锻炼上肢，利用球表面的不稳定性加强下肢、核心部位的力量与稳定性。

上肢动作主要有围绕人体的水平面、垂直面、矢状面上的举球动作；肩上持球屈、伸；以及腕关节、肩关节围绕额状轴、垂直轴、矢状轴的运动。经常练习，可使锻炼者的肩、上臂、前臂、手部、掌指的各部肌肉群得到锻炼，增强肌肉群的力量，提高肩、肘、腕、指等关节的灵活性和柔韧性。

下肢动作通过前踢腿、侧摆腿、膝关节外翻屈小腿、伸后腿和双手持球上下举的动作，带动下肢、上肢主要关节和肌肉群的运动。经常练习，可提高锻炼者的髋、膝、踝关节的灵活性，提高小腿内屈的能力，增强髋部和下肢肌肉群的力量。此外，通过单腿支撑踢腿，可以锻炼平衡能力。

主要通过对腰、腹、背等进行核心力量练习，包括屈、伸、转体、侧弯等动作使躯干关节、肌肉得到充分的运动。经常练习可提高躯干，肩、髋等关节的灵活性，增强脊椎，腰、腹、背部的肌肉力量与核心的稳定性。

（一）第一节 准备运动

双手持球于胸前，两脚随音乐踏步。由于选配的音乐《Waka Waka》是带有拉丁风格的歌曲，因此，在踏步的同时加入胯的摆动，起到锻炼髋关节的柔韧性和热身的作用。准备活动主要内容组成见表 6－1。

（二）第二节 上肢运动

上肢动作主要内容组成见表 6－1。

1. 创编目的

加强上肢肌肉的力量，并配合拉伸的动作缓解肌肉疲劳。

2. 动作说明

上肢动作有模仿空乘工作时的劳动姿势，如空乘人员在检查行李架上的行李并进行相应的整理时，需要将单臂或双臂抬高用力，即上举、前举、下举动作。设计有摆动、旋转等动力性动作，配合拉伸动作，可以使上肢各关节和肌肉群得到锻炼，增加各关节、韧带、肌肉的稳定性和肌力，减少损伤。

表 6－1 准备运动、上肢运动的主要内容组成

主要动作内容			音乐	时间	速度	总节拍
准备运动	上肢动作	胸前持球、左右摆动球	Waka Waka	16s	22 拍/10s	32 拍
	下肢动作	原地踏步、两脚踏开				
上肢运动	力量类动作	前举、上举、下举、颈后肩上侧举、上举直臂旋转球、左右摆球、绕球		1min 54s		256 拍
	柔韧类动作	单手扶球侧拉肩、臂，上举加力向后拉肩、屈腕				

第一节 准备运动

<table>
<tr><td colspan="2">动作</td><td>
1

2</td></tr>
<tr><td colspan="2">节拍</td><td>动作描述</td></tr>
<tr><td rowspan="3">一</td><td>1</td><td rowspan="2">一拍一动，原地踏步，两手持球，前臂分别内旋、外展水平摆球</td></tr>
<tr><td>2</td></tr>
<tr><td>3～8</td><td>重复动作 1、2</td></tr>
<tr><td colspan="2">动作</td><td>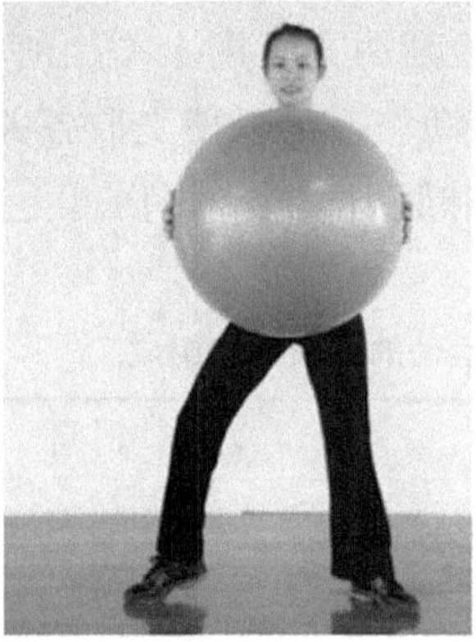
1
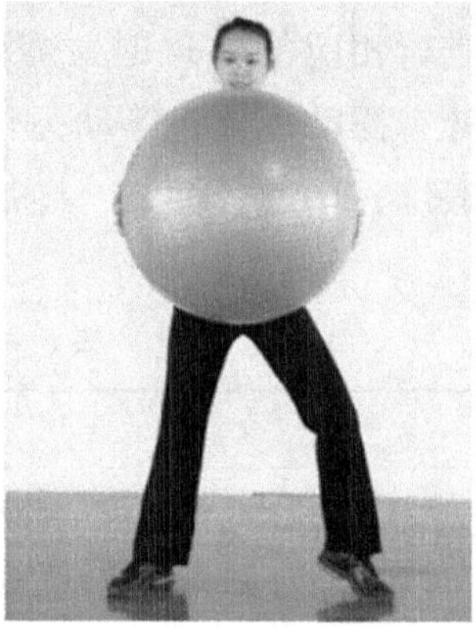
2</td></tr>
<tr><td colspan="2">节拍</td><td>动作描述</td></tr>
<tr><td rowspan="3">二</td><td>1</td><td rowspan="2">一拍一动，两脚踏开，两手持球于体前</td></tr>
<tr><td>2</td></tr>
<tr><td>3～8</td><td>重复动作 1、2</td></tr>
<tr><td>三</td><td>1～8</td><td>动作同第一个 8 拍</td></tr>
<tr><td>四</td><td>1～8</td><td>动作同第一个 8 拍</td></tr>
</table>

第二节　上肢运动

组合一

<table>
<tr><td colspan="2">动作</td><td>
1

2</td></tr>
<tr><td colspan="2">节拍</td><td>动作描述</td></tr>
<tr><td rowspan="3">一</td><td>1</td><td rowspan="2">一拍一动，原地踏步，两手持球交替做前举、还原的动作</td></tr>
<tr><td>2</td></tr>
<tr><td>3～8</td><td>重复动作 1、2</td></tr>
<tr><td colspan="2">动作</td><td>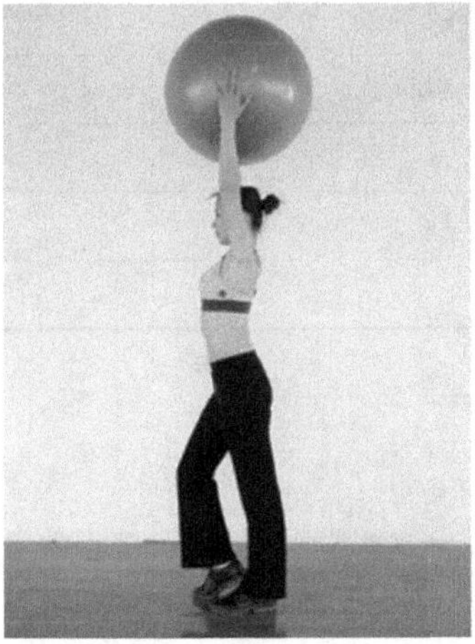
1

2</td></tr>
</table>

节拍		动作描述
二	1	一拍一动，原地踏步，两手持球交替做上举、还原的动作
	2	
	3 ~ 8	重复动作 1、2
动作		 1、2  3、4  5、6  7、8
节拍		动作描述
三	1、2	右脚侧迈一步呈半蹲，两手持球下举
	3、4	右脚还原，直立，两手持球上举
	5、6	左脚侧迈一步呈半蹲，两手持球下举
	7、8	左脚还原，直立，两手持球上举
四	1 ~ 8	动作同第三个 8 拍

<table>
<tr><td colspan="2">动作</td><td> 1、2  3、4</td></tr>
<tr><td colspan="2">节拍</td><td>动作描述</td></tr>
<tr><td rowspan="3">五</td><td>1、2</td><td>右脚侧迈一步呈弓步，两手持球于右肩上举</td></tr>
<tr><td>3、4</td><td>向左移重心呈左弓步，两手持球经上至左肩上举</td></tr>
<tr><td>5 ~ 8</td><td>动作同 1 ~ 4 拍</td></tr>
<tr><td>六</td><td>1 ~ 8</td><td>动作同第五个 8 拍</td></tr>
<tr><td colspan="2">动作</td><td> 1  2  7、8</td></tr>
</table>

节拍		动作描述
七、八	1	1 ~6 一拍一动，两脚开立左右顶胯，直臂上举左右旋转球
	2	
	7、8	还原成直立

组合二

节拍		动作描述
动作		 1、3  2、4
节拍		动作描述
一	1、2	一拍一动，原地踏步、顶胯，两手持球左右摆动
	3、4	
动作		 5、6   7、8

节拍		动作描述
一	5、6	原地踏步、顶胯，两手持球于体前绕球
	7、8	纵跳，两手持球上举
二	1～8	向右转面向3点，动作同前
三	1～8	向右转面向5点，动作同前
四	1～8	向右转面向7点，动作同前

组合三

动作		 1  2
节拍		动作描述
一	1～8	向右转面向1点同时右脚侧迈呈弓步，将球滚动到右侧，右手扶于球上，两臂侧举拉伸
二	1～8	向左移重心，将球滚动到左侧，左手扶于球上，两臂侧举拉伸。第8拍将球滚至两腿中间成直立

动作		 3  4  7、8
节拍		动作描述
三	1 ~8	右手从肩后侧摸对侧肩胛骨，左手握住右手肘部向同侧拉伸，上体挺直，拉到最大范围
四	1 ~8	动作同前，换左手臂做。第 7、8 拍右脚还原成直立，两手持球于胸前

组合四

动作同组合一。

组合五

动作同组合二，但方向相反。

组合六

<table>
<tr><td colspan="2">动作</td><td>
1

2</td></tr>
<tr><td colspan="2">节拍</td><td>动作描述</td></tr>
<tr><td>一</td><td>1～8</td><td>右手前伸平举，掌心向上，左手握住右手掌向下、后拉伸，肘关节保持伸直</td></tr>
<tr><td>二</td><td>1～8</td><td>动作同前，换左臂做</td></tr>
<tr><td colspan="2">动作</td><td>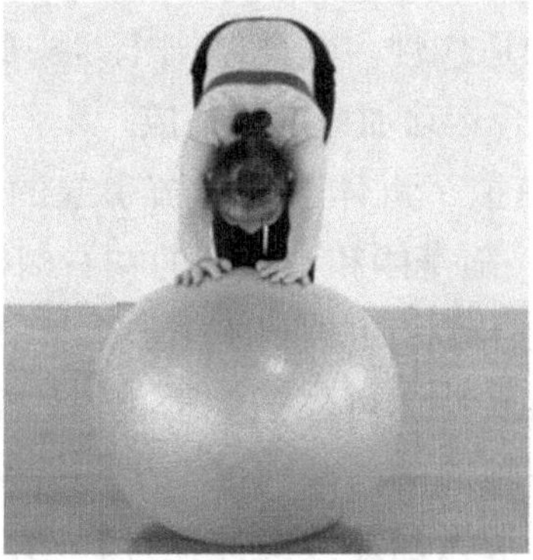
1

2</td></tr>
<tr><td colspan="2">节拍</td><td>动作描述</td></tr>
<tr><td>三</td><td>1～8</td><td>将球落至体前，并腿，含胸弓背，双手扶于球上，拉伸背部</td></tr>
<tr><td>四</td><td>1～8</td><td>右腿侧迈成两腿开立，挺胸塌腰，双手掌心向上扶于球上，拉伸肩部</td></tr>
</table>

（三）第三节　头部运动

头部动作主要内容组成见表 6－2。

1. 创编目的

（1）加强颈部的力量和柔韧性，缓解颈肌疲劳。

（2）提高抗眩晕能力。

2. 动作说明

（1）抗眩晕训练的主动锻炼方法中有借助摇晃性质的专项器械弹跳板、弹跳网进行的练习，而本文中的瑞士球正好具有上述两个器械的特性——弹性，因此可以将瑞士球作为辅助器械来练习。动作设计为让学生坐球弹跳（上下、左右）进行头颈部的运动，如颈部前屈、后伸、左右侧屈、左右侧旋转和左右回环动作的练习。通过音乐节奏的速度来控制学生做动作的速度，以达到刺激前庭器官的作用。

（2）坐球连续上下弹跳模拟人体前庭器官椭圆囊、球囊和神经肌肉本体感受器，对突然失去重力作用的直线（上下方向）加速度变化不适应，有利于提高前庭耳石器沿垂直轴方向的加速度的适应性。在此基础上，头部做的前屈、后伸的动作，可增强对额状轴、垂直轴混合运动加速度的适应。

（3）坐球连续左右侧弹跳，模拟了机体遭遇气流引起的左右摇摆时的情况。将两臂侧平举（模仿飞机的翅膀），随身体和头颈部的左右侧摆，使身体沿矢状轴左右摇晃，有利于提高前庭耳石器沿冠状面方向的加速度的适应性。

（4）坐球连续上下弹跳左右旋转头，可加强绕垂直轴的角加速度旋转产生与旋转方向一致的水平旋转知觉，该轴向的角减速度产生与旋转方向相反的水平旋转知觉。角加速度的变化使内淋巴液做加速或减速惯性移动，产生加速或减速旋转知觉。

（5）坐球连续上下弹跳的头部绕环动作是模拟飞机飞行时的不稳定环境造成人体的眩晕感，混合了头部前后、左右、旋转等多重刺激，从生理学上来说其对前庭器官刺激的强度是最大的。这与实际练习效果观察相符。该动作以较大的强度刺激了半规管系统和耳石器官系统，有利于提高半规管系统对绕垂直轴的角加速度和耳石器沿额状轴、矢状轴方向的加速度的适应性。

表 6－2　头部动作主要内容组成

动作	抗眩晕动作		力量、柔韧类动作				音乐	时间	速度	总节拍
	睁眼	闭眼		拉伸	对抗	拉伸				
前屈后伸	4×8 拍	4×8 拍	前屈	8 拍	12 拍	12 拍	飞得	4min	20 拍/	528 拍
			后伸	8 拍	12 拍	12 拍	更高	24s	10s	
左右转动	4×8 拍	4×8 拍	左转	8 拍	12 拍	12 拍				
			右转	8 拍	12 拍	12 拍				
左右摆头	4×8 拍	4×8 拍	左摆	8 拍	12 拍	12 拍				
			右摆	8 拍	12 拍	12 拍				
左绕环	4×8 拍	4×8 拍	—	—	—	—				
右绕环	4×8 拍	4×8 拍	—	—	—	—				

第三节　头部运动

动作		 1  2
节拍		动作描述
一	1～8	一拍一动，坐于球上，两手放于球的两侧，上下跳
二～四	1～8	动作同上

组合一

动作		 1  2
节拍		动作描述
一	1～8	一拍一动，坐于球上跳，两手放于球的两侧，头交替做前屈、后屈，睁眼做
二～四	1～8	动作同上
五～八	1～8	动作同第一～第四个8拍，为闭眼做
动作		 9、12  10、11
节拍		动作描述
九	1～8	坐于球上，两手经侧扶于头后，两手向下按压头部，使下颌靠近喉部，头部尽量向前屈，牵伸颈部
十	1～8	坐于球上，两手用力向前下按压头部，同时头部做对抗动作

十一	1 ~ 4	动作同上
	5 ~ 8	颈部对抗肌放松，两手继续向前下按压头部
十二	1 ~ 8	动作同第十一个 8 拍
动作		 13、16  14、15
节拍		动作描述
十三	1 ~ 8	坐于球上，两手经前扶于前额，向后按压头部，使头后屈，牵伸颈部
十四	1 ~ 8	坐于球上，两手用力向后按压头部，头部尽量向上做对抗动作
十五	1 ~ 4	动作同上
	5 ~ 8	颈部对抗肌放松，两手继续向后按压头部
十六	1 ~ 8	动作同第十五个 8 拍

组合二

动作	 1  2

<table>
<tr><td colspan="2">节拍</td><td>动作描述</td></tr>
<tr><td>一</td><td>1 ~ 8</td><td>1、2 一拍一动，坐于球上跳，两臂侧举，头随身体左右摆动的同时做左、右摆头，耳朵尽量贴近肩，睁眼做。3 ~ 8 同前</td></tr>
<tr><td>二 ~ 四</td><td>1 ~ 8</td><td>动作同上</td></tr>
<tr><td>五 ~ 八</td><td>1 ~ 8</td><td>动作同第一 ~ 第四个 8 拍，为闭眼做</td></tr>
<tr><td colspan="2">动作</td><td>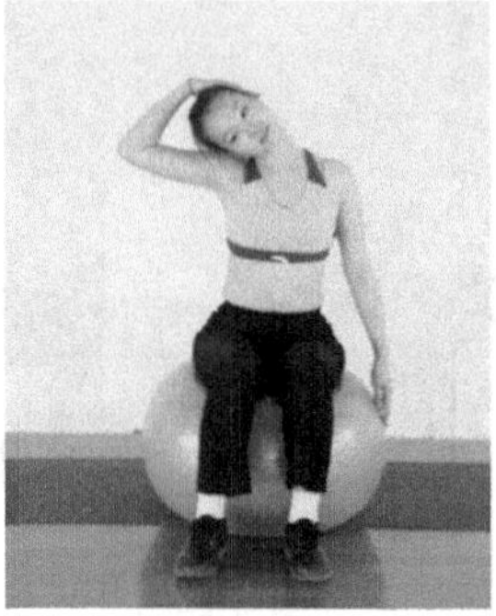
9、12

10、11</td></tr>
<tr><td colspan="2">节拍</td><td>动作描述</td></tr>
<tr><td>九</td><td>1 ~ 8</td><td>坐于球上，右手经上扶于头部左侧，向下按压头部，牵拉颈部</td></tr>
<tr><td>十</td><td>1 ~ 8</td><td>坐于球上，右手继续向下按压头部，头部做对抗动作，加强颈部侧面肌肉力量</td></tr>
<tr><td rowspan="2">十一</td><td>1 ~ 4</td><td>动作同上</td></tr>
<tr><td>5 ~ 8</td><td>颈部左对抗肌放松，右手继续向右侧按压头部</td></tr>
<tr><td>十二</td><td>1 ~ 8</td><td>动作同第十一个 8 拍</td></tr>
</table>

动作		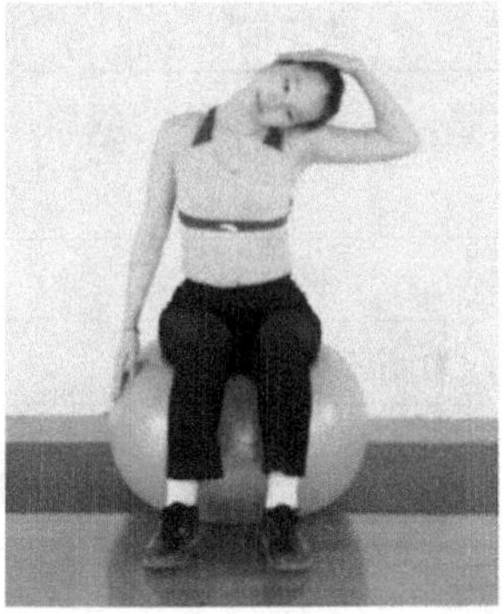 13、16 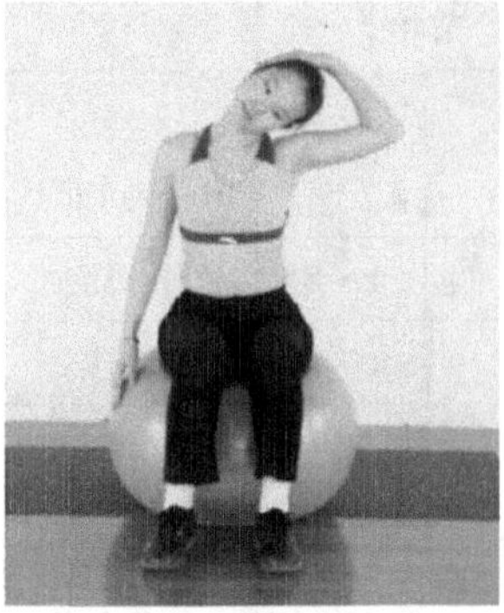 14、15
节拍		动作描述
十三	1 ~ 8	坐于球上，左手经上扶于头部左侧，向下按压头部，牵拉颈部
十四	1 ~ 8	坐于球上，左手继续向下按压头部，头部做对抗动作，加强颈部侧面肌肉力量
十五	1 ~ 4	动作同上
	5 ~ 8	颈部右对抗肌放松，左手继续向左侧按压头部
十六	1 ~ 8	动作同第十五个 8 拍

组合三

动作	 1  2

节拍		动作描述
一	1～8	1、2 一拍一动，坐于球上跳，两手放于球的两侧，左、右摆头，睁眼做。3～8 同前
二～四	1～8	动作同上
五～八	1～8	动作同第一～第四个 8 拍，为闭眼做
动作		 1  2
节拍		动作描述
九	1～8	坐于球上，右手置于脸部，轻推头部，使头部向左侧回旋，牵伸颈部
十	1～8	右手继续用力推头部，头部做对抗动作，加强颈侧肌肉
十一	1～4	动作同上
	5～8	颈部右侧对抗肌放松，右手继续向左侧推头部
十二	1～8	动作同第十一个 8 拍
动作		 1  2

<table>
<tr><th colspan="2">节拍</th><th>动作描述</th></tr>
<tr><td>十三</td><td>1～8</td><td>坐于球上，左手置于脸部，轻推头部，使头部向右侧回旋，牵伸颈部</td></tr>
<tr><td>十四</td><td>1～8</td><td>左手继续用力推头部，头部做对抗动作，加强颈侧肌肉</td></tr>
<tr><td rowspan="2">十五</td><td>1～4</td><td>动作同上</td></tr>
<tr><td>5～8</td><td>颈部左侧对抗肌放松，左手继续向右侧推头部</td></tr>
<tr><td>十六</td><td>1～8</td><td>动作同第十五个 8 拍</td></tr>
</table>

组合四

<table>
<tr><td colspan="2">动作</td><td>
1~6
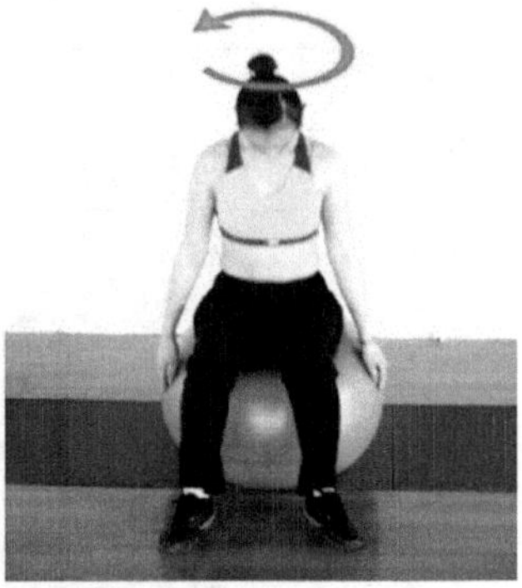
7~12</td></tr>
<tr><td colspan="2">节拍</td><td>动作描述</td></tr>
<tr><td>一～六</td><td>1～8</td><td>坐于球上跳，两手放于球的两侧，头顺时针旋转。两拍一圈，睁眼做</td></tr>
<tr><td>七～十二</td><td>1～8</td><td>动作同前，方向相反</td></tr>
</table>

组合五

<table>
<tr><td colspan="2">动作</td><td>
1~8</td></tr>
<tr><td colspan="2">节拍</td><td>动作描述</td></tr>
<tr><td>一</td><td>1 ~ 8</td><td>两臂前伸，两手交叉相握掌心向前，低头、含胸、弓背</td></tr>
<tr><td colspan="2">动作</td><td>
1~6

7~8</td></tr>
<tr><td colspan="2">节拍</td><td>动作描述</td></tr>
<tr><td rowspan="2">二</td><td>1 ~ 6</td><td>坐于球上，两手交叉相握，经体前上举，深呼吸</td></tr>
<tr><td>7、8</td><td>坐于球上，两手经侧落至下举，深呼吸</td></tr>
</table>

（四）第四节　下肢运动

下肢运动主要内容组成见表 6－3。

1. 创编目的

提高身体活动范围、预防肌肉紧张、对改善服务类职业人员的体态有明显的作用。

2. 动作说明

通过体育锻炼，肌肉规律性收缩，可使深静脉血液回流加速，减少皮下静脉的压力。

表 6－3　下肢运动主要内容组成

动作		主要动作内容	音乐	时间	速度	总节拍
下肢运动	力量类动作	勾脚直膝上下屈伸、踝内收直膝上下屈伸、踝外展直膝上下屈伸、单腿绷脚直膝旋绕	有氧音乐	1min 04s	20 拍/10s	128 拍
	柔韧类动作	坐球转体、坐球体前屈				

第四节　下肢运动

组合一

动作	 1	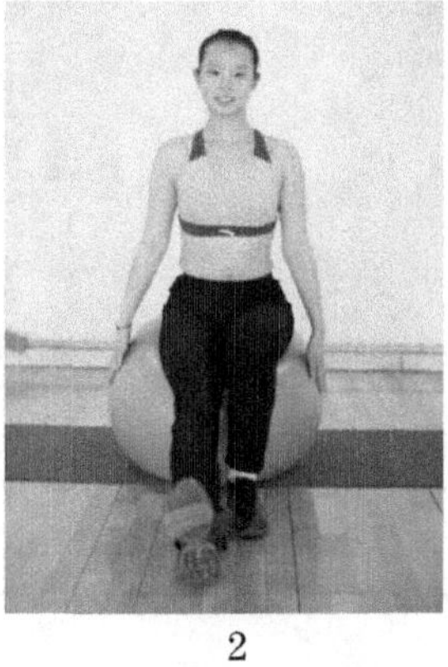 2

节拍		动作描述
一	1～8	1、2一拍一动，坐于球上跳，右腿前伸，右脚勾脚尖，直腿上下摆动，保持膝关节伸直。3～8动作同1、2
动作		 1 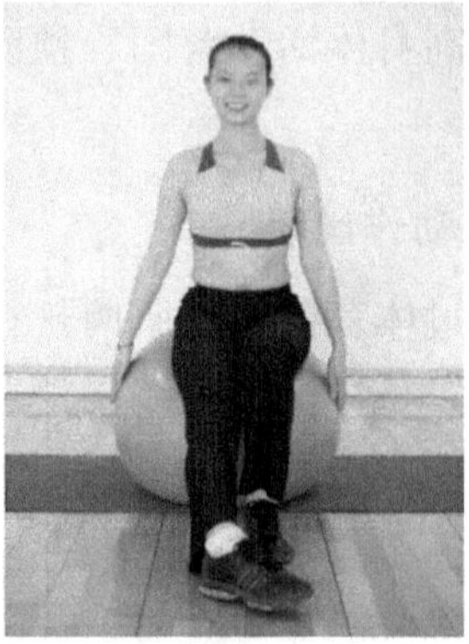 2
节拍		动作描述
二	1～8	1、2一拍一动，坐于球上跳，右腿前伸，右脚踝关节内旋，直腿上下摆动，保持膝关节伸直。3～8动作同1、2
动作		 1  2
节拍		动作描述
三	1～8	1、2一拍一动，坐于球上跳，右腿前伸，右脚踝关节外旋，直腿上下摆动，保持膝关节伸直。3～8动作同1、2

动作		 1~8
节拍		动作描述
四	1 ~ 8	二拍一动，坐于球上跳，右腿前伸绷脚尖，直腿绕环，保持膝关节伸直

组合二

动作		 1  2
节拍		动作描述
一	1 ~ 8	坐于球上，右腿前伸勾脚尖，上体前倾向右转，两臂侧举，左手伸向右脚
二	1 ~ 8	动作同 1、2，换左腿做

动作		 1~8
节拍		动作描述
三	1～8	两腿前伸勾脚尖，上体前倾，两手抓住两脚尖，膝盖伸直
四	1～4	动作同1～8拍
	5～8	还原成坐球直立

组合三

动作同组合一，换左腿做。

组合四

动作同组合二。

（五）第五节　核心部位运动

核心部位运动主要内容组成见表6－4。

1. 创编目的

提高身体的控制能力、人体平衡能力和躯干稳定性，增强空乘专业学生核心部位力量。

2. 动作说明

抱球螺旋滚、左右侧后滚，混合了旋转、前后、左右等多重刺激，从生理学角度来讲，较大强度地刺激了前庭器官，有利于提高前庭耳石器沿横轴、前后轴方向的加速度的适应性，提高空乘人员的抗眩晕能力。

表 6－4　核心运动主要内容组成

主要动作内容		音乐	时间	速度	总节拍
名称	锻炼目的				
仰卧起坐	发展腹部肌群力量	有氧音乐	3min 28s	20 拍/10s	416 拍
斜卧球体伸髋	发展髋部肌群力量				
跪姿（直膝）俯卧球体背起	发展背肌力量和稳定能力				
俯卧撑	发展胸部、肩部肌群力量，以及身体支撑和稳定能力				
俯卧球体异侧腿臂上抬	发展身体平衡稳定能力				
仰卧膝夹球转髋	发展转体和转髋肌肉群，以及腿部内收肌肉群的力量				
仰卧团身滚动	发展抗眩晕能力，拉伸背部				

第五节　核心部位运动

组合一

动作		 1、2	 3、4
节拍		动作描述	
一	1、2	下颚向前胸微收，收缩腹肌抬起躯干不超过 45°	
	3、4	慢慢回到起始姿势	
	5～8	动作同 1～4	
二～四	1～8	动作同第一个 8 拍	

动作		 5~7 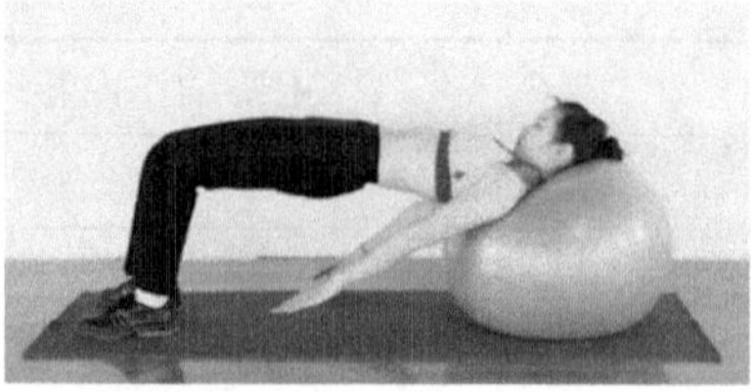 8
节拍		动作描述
五～七	1～8	收缩腹肌抬起躯干不超过 45°，静力控制
八	1～8	靠球向前滚动，身体肩部支撑在球上

组合二

动作		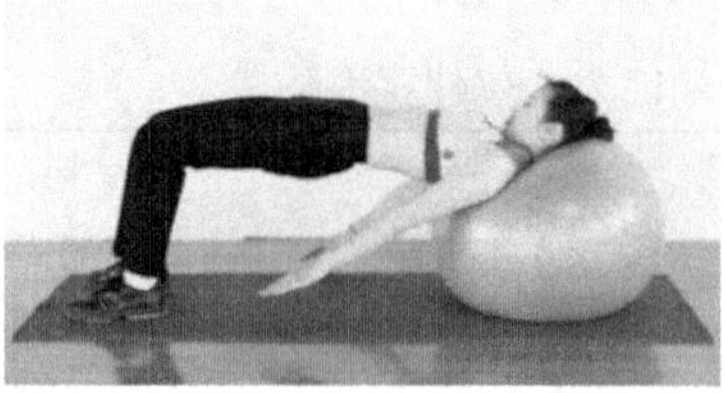 1、2  3、4
节拍		动作描述
一	1、2	将盆骨和臀部抬起身体与地面平行，然后以腹部带动臀部下降。下颚向前胸微收，收缩腹肌抬起躯干不超过 45°
	3、4	慢慢回到起始姿势
	5～8	动作同 1～4
二	1～8	动作同第一个 8 拍
三	1～8	动作同第一个 8 拍
四	1～8	将盆骨和臀部抬起身体与地面平行，静力控制一个 8 拍

组合三

动作		 1、2  3、4
节拍		动作描述
一	1、2	双膝撑地胸部伏于球上，伸展上背部使之离开球，髋部要始终紧贴球，不要过度伸展背部
	3、4	慢慢回到起始姿势
	5～8	动作同1～4
二～四	1～8	动作同第一个8拍
动作		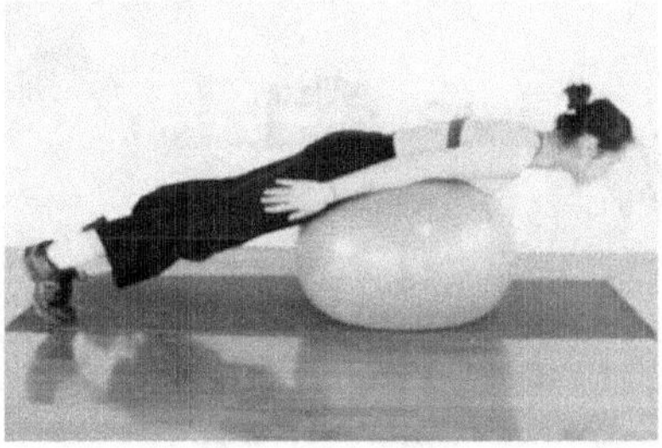 1、2  3、4
节拍		动作描述
五	1、2	身体趴在球上，脚尖触地并尽量分开双腿，双手置于体侧
	3、4	手掌对着房顶，抬起胸部使其离开球并将手翻转使手掌对着地面，尽量让肩胛骨靠拢
	5～8	动作同1～4
六	1～8	动作同第五个8拍
七、八	1～8	抬起胸部，尽量让肩胛骨靠拢，静力控制两个8拍

组合四

<table>
<tr><td colspan="2">动作</td><td> 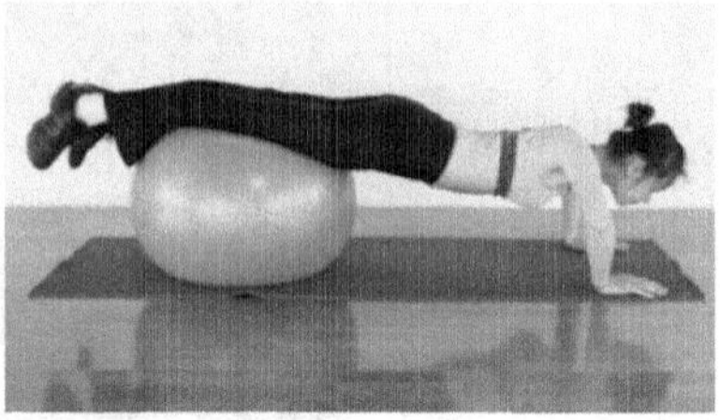
1、2　　3、4</td></tr>
<tr><td colspan="2">节拍</td><td>动作描述</td></tr>
<tr><td rowspan="3">一</td><td>1、2</td><td>双手在肩膀下方做支撑，球在膝下方，双腿并拢，身体呈平板式。保持脊柱和骨盆的中立位置</td></tr>
<tr><td>3、4</td><td>慢慢回到起始姿势</td></tr>
<tr><td>5 ~ 8</td><td>动作同 1 ~ 4</td></tr>
<tr><td>二 ~ 四</td><td>1 ~ 8</td><td>动作同第一个 8 拍</td></tr>
<tr><td colspan="2">动作</td><td>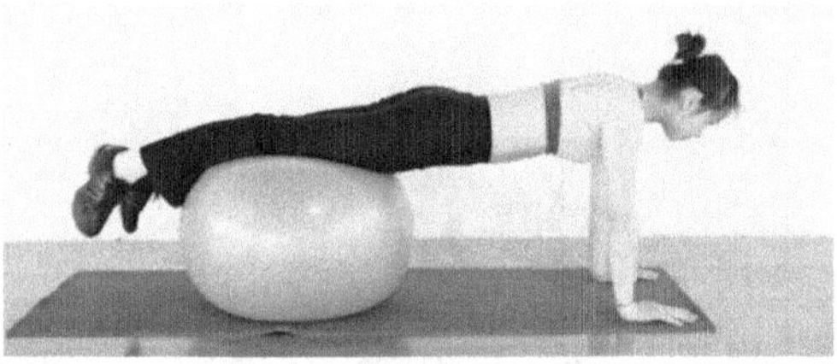
1~8</td></tr>
<tr><td colspan="2">节拍</td><td>动作描述</td></tr>
<tr><td>五 ~ 八</td><td>1 ~ 8</td><td>静力俯撑</td></tr>
</table>

组合五

动作		 1~4  5~8
节拍		动作描述
一	1 ~ 4	胸部伏于球上手脚撑地，背部处于中立姿势，轻轻地抬起右臂和左腿
	5 ~ 8	返回原位并换另一侧肢体重复
二	1 ~ 8	动作同第一个 8 拍
三	1 ~ 8	动作同第一个 8 拍
四	1 ~ 8	动作同第一个 8 拍
五	1 ~ 8	抬起右臂和左腿
六	1 ~ 8	抬起左臂和右腿
动作		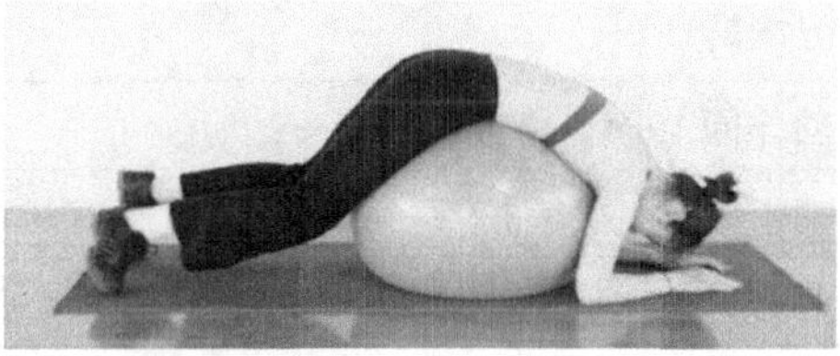
节拍		动作描述
七 ~ 八	1 ~ 8	躯干弯曲，支撑俯卧在球上，将手、脚放在地板上。放松，身体在球上向前运动，颈部后面放松。深呼吸，保持静态伸展

组合六

动作		 1~4  5~8  八
节拍		动作描述
一	1 ~ 4	仰卧于地面，双臂向体侧方向伸展。膝关节呈 90°弯曲，夹住球向身体左侧方向转动
	5 ~ 8	动作同 1 ~ 4，将球滚到另一边
二 ~ 七	1 ~ 8	动作同第一个 8 拍
八	1 ~ 8	起身，坐在垫子的一侧，双手持球置于小腿前，深呼吸

组合七

<table>
<tr><td colspan="2">动作</td><td>
1~4　　5~8
</td></tr>
<tr><td colspan="2">节拍</td><td>动作描述</td></tr>
<tr><td>一、二</td><td>1 ~ 8</td><td>团身抱球前后滚动</td></tr>
<tr><td>三 ~ 六</td><td>1 ~ 8</td><td>团身抱球螺旋滚动</td></tr>
</table>

<table>
<tr><td colspan="2">动作</td><td>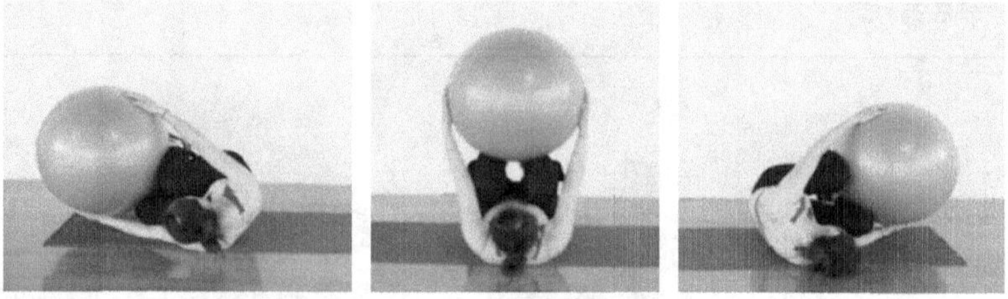</td></tr>
<tr><td colspan="2">节拍</td><td>动作描述</td></tr>
<tr><td>七、八</td><td>1～8</td><td>团身持球左右两侧滚动</td></tr>
</table>

三、瑞士球健身操的教学效果研究

（一）瑞士球健身操在空乘专业女生健美操教学中的实施

瑞士球健身操作为空乘女生体育教学内容第一部分，安排在每周1次的体育教学中原有的一般身体素质练习部分。另外，征得空乘学院领导的支持和学生的配合，还利用每周2次出早操的时间进行练习，达到一周3次练习。

在教学进度上，教师先利用2周的时间教授学生学习、掌握瑞士球健身操的基本动作，在此基础上进行6周成套动作的练习。

（二）瑞士球健身操教学效果的调查

1. 身体素质锻炼效果

根据本套操创编的目的，对瑞士球健身操锻炼效果的测试主要侧重于空乘职业所需的身体素质机能，包括力量、耐力、平衡、柔韧、抗眩晕等。

仰卧起坐是测试腹肌力量和耐力的一个项目。表6－5显示，空乘专业女生的仰卧起坐成绩有很大的提高，锻炼前后具有显著性差异（$P<0.05$）。显现出腹部动态肌耐力的提升。

表 6－5　被试者实验前后身体素质的比较　　$n=80$

项目	练习前（$\bar{X}+s$）	练习后（$\bar{X}+s$）	t 值	P 值
1min 仰卧起坐/次数	33 ±11.8	45 ±14.0	−2.221	$0.01<P=0.030<0.05$
俯身背起/s	112.1 ±39.6	115.8 ±38.0	−1.626	$0.01<P=0.020<0.05$
握力/kg	20.5 ±2.40	24.9 ±2.0	−1.066	$0.01<P=0.0130<0.05$
走平衡木/s	8.5 ±2.2	6.2 ±1.6	0.452	$P=0.005<0.01$
打地转/合格人数	23.0	47.0	−1.682	$0.01<P=0.021<0.05$
坐位体前屈/cm	20.2 ±8.9	26.3 ±9.1	−2.000	$0.01<P=0.025<0.05$

在俯身背起方面，实验前、后测得的成绩达到显著水平（$P<0.05$），说明本套操中利用动力性和静力性相结合的方式可以提高俯身背起测试的成绩，加强了学生的背部力量，坚持锻炼会减轻因长期处于弯腰的工作姿势而带来的腰背不适。

握力主要反映人前臂和手部肌肉的力量，同时也与其他肌群的力量有关，而且还是反映肌肉总体力量的一个很好的指标。从练习后的成绩提升达到显著水平（$P<0.05$）看出，本套操能够很好地提高学生的上肢力量，这对学生今后从事空中服务工作时上肢所承受的劳动负荷奠定了一定的体能基础。

在练习动态平衡能力的平衡木上来回走，达到非常显著水平（$P<0.01$），实验后测试在平衡木上来回走的用时较训练前明显减少，显示瑞士球是可以增进和改善平衡能力的。瑞士球具有不稳定性，可以训练肌肉更大的活动能力，对躯干肌肉组织提出更大的挑战，在动态平衡方面，进步较为显著。

从打地转一项测试的合格人数的显著增加（$P<0.05$），说明本套操对于锻炼抗眩晕能力的动作设计是合理、有效的，通过第三节头部运动和第五节核心部位运动中的抱球螺旋滚、侧滚等混合滚动的练习，可以大大提高人体前庭耐力。

坐位体前屈是用于反映人体柔韧性的测试项目。经过 6 周的练习，被试者实验前后柔韧指标具有显著性差异（$P<0.05$）。这说明瑞士球健身操锻炼能有效提高关节的灵活性，改善了关节周围软组织的功能及肌肉、韧带、肌腱的伸展性。

2. **教学效果的评价**

通过问卷和座谈形式，对瑞士球健身操创编的效果，主要从全套动作、音乐、编排效果及对操的建议等方面进行了较为详细的调查。

（1）动作的难易程度。调查显示，学生认为这套操的动作较为简单（非常容易+容易+一般）的人数比例较高，比例为67.9%，认为非常容易或非常困难的比例较低，表明这套操在难度安排上比较合理。其原因可能是目前学生接触新事物、新项目较多（如健美操、瑜伽、舞蹈、形体训练等项目），可以帮助学生更好地完成瑞士球健身操的技术动作。（图6－3）

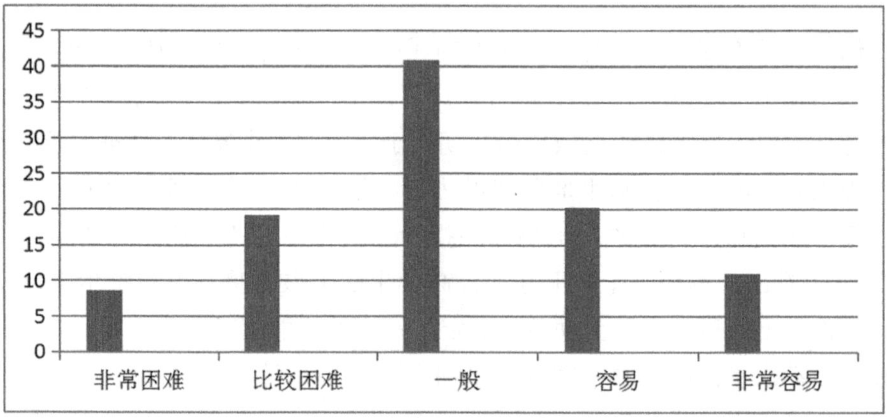

图6－3　对动作难易程度的评价

（2）动作内容的丰富程度。从问卷中可见，学生认为这套操内容“比较丰富”和“非常丰富”的比例较高，达到了66.7%，说明目前瑞士球健身操中所包含的运动元素较多，如抗眩晕动作、拉伸动作、平衡动作、力量动作等元素。这些动作元素的组合与变化，使瑞士球健身操内容得到了极大的丰富。而选择不丰富和无聊的学生占11.8%，通过沟通了解到，有一些学生接触的时尚类的健身方式较多，对本套操所涉及的动作有练习经历，还有个别学生因为体力太差跟不上，因此觉得无聊。对这些学生要区别对待，提出不同的难度要求。（图6－4）

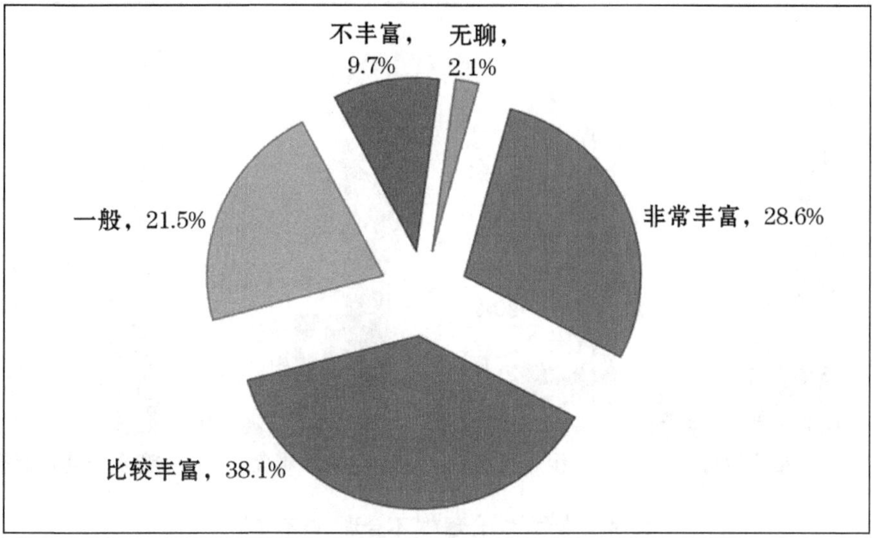

图 6 - 4　对动作内容的丰富程度的评价

（3）对瑞士球健身操编排效果的调查。调查显示：以学生为例，80% 的学生表示瑞士球健身操编排是合理的，只有 9% 的学生表示不合理。因此，瑞士球健身操的编排是合理且科学的，符合学生的心理特点，瑞士球健身操得到不少练习者的青睐。然而，有 11% 的学生表示不知道，可以看出她们本身对健身操不感兴趣，只是敷衍而已。因此，一定程度上，如果让瑞士球健身操进一步深入学生当中，那么动作的编排需更大地提高学生的兴趣和积极性。从组合长度和动作难度两方面来看，获得了大多数学生的认同，然而分别有 20% 和 10% 的学生表示不合理，这是不容忽视的。据进一步的了解，他们认为健身操的组合长度和动作难度非常容易，没有比较明显的锻炼效果。至于音乐与动作的配合则获得了 90% 受访者的肯定，即音乐和运动的节奏结合得合理而科学，很好地抓住了学生的心理特点。总之，该健身操的动作组合获得了大多数空乘专业女生的肯定，比较适合空乘专业体育与健康课教学的需要。（图 6 - 5）

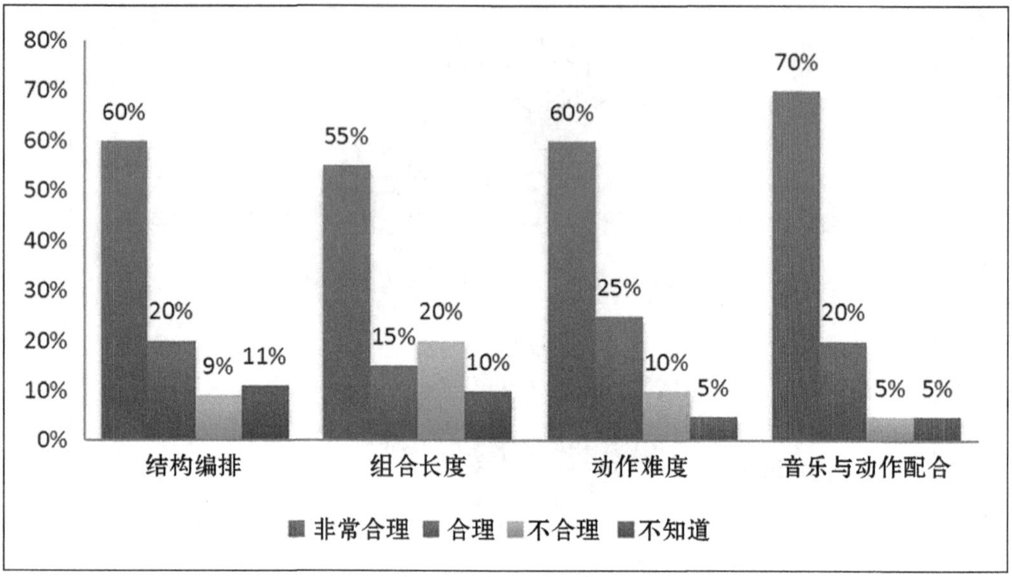

图6－5　瑞士球健身操动作编排效果学生评价表

（4）通过发放问卷，对瑞士球健身操总体评价的调查表明，本套操在教学过程中得到了学生的普遍好评，喜欢和非常喜欢的分别占39.2%、26.3%，不喜欢和厌烦的分别占7.7%和4.2%。总体体现出教学改革创新的精神，基本符合空乘职业对学生身心健康发展的迫切需要，见表6－6。

表6－6　对瑞士球健身操整体喜爱程度的评价表　　%

调查对象	非常喜欢	喜欢	一般	不喜欢	厌烦
学生	26.3	39.2	22.6	7.7	4.2

（5）对瑞士球健身操改进的调查。通过对瑞士球健身操中需要修改的地方进行访谈，结果可归纳为：①增加协同合作内容；②加强趣味性；③适当加大运动强度；④针对性地降低一些难度。

结论

（1）瑞士球健身操由准备运动、上肢运动、头部运动、下肢运动和核心部位运动组成，全长为11分54秒。

（2）瑞士球健身操锻炼前后的对比结果表明，本套操能够加强头颈部、四肢及核心部位的力量，提高抗眩晕和平衡能力，有利于身体姿态的改善，加强身体各部位的柔韧性，锻炼效果明显。

（3）通过练习瑞士球健身操，有利于提高空乘专业女生上体育课的兴趣，符合女大学生的心理特点，有利于学生缓解紧张情绪、促进心理健康。

（4）瑞士球健身操的编排体现了瑞士球健身操的职业元素与现代健身操的有机结合，既具有时代性又有创新性。

专题七

水中健身操创编及教学效果的实验研究

——以腰膝疼痛群体为例

研究目的与意义

一、研究目的

通过创编一套适合腰膝疼痛病人的水中健身操，来缓解病人的疼痛症状。

二、研究意义

通过从对腰膝疼痛康复的水中健身操的研究，创编出一套简单易行且具有可操作性的水中康复健身操，能为医院专业康复医疗人员在腰膝患者的医疗研究中提供一些可借鉴的方法。

研究对象与方法

一、研究对象

以水中健身操对腰膝疼痛群体康复效果为研究对象。

二、研究方法

（一）文献资料法

通过天津体育学院图书馆借阅水中康复、水中健身等相关书籍，从 CNKI、万方等平台上检索，以“水中康复”“下腰痛”“运动康复”等为关键词查阅了近 50 篇相关文献。借鉴学习其中成熟的研究成果，对其中的研究成果进行整理、分析与总结，为本文的撰写提供了重要的理论材料。

（二）教学实验法

实验对象为天津体育学院 2017 级运动训练专业的在校学生 20 名，其中有 5 名为田径专项、4 名为举重专项、3 名为篮球专项、5 名为龙舟专项、3 名为游泳专项。通过 8 周的水中康复练习，每周一、三、五练习，每次 60min。

（三）问卷调查法

针对受试对象发放 Oswestry 功能障碍指数问卷表、改良过的膝关节 WOMAC 临床症状体征评分表和 VAS 视觉评分表，对实验前和实验后分别进行问卷调查。在实验前进行第一次问卷发放并在填写完毕后收回，在实验后进行第二次问卷发放与收回，便于对数据进行分析和整理。

（四）案例研究法

收集整理多个水中康复实践的单个动作或者组合动作，进行广泛的探索，积累丰富的有推广价值的水中健身康复锻炼方法。

三、水中康复性健身操的设计

水中康复性健身操是在水中健身操的基础上，结合需要康复的身体部位及病理特征再结合病人的身体条件等多种元素综合考虑，设计出适合该种病症特征人群的康复操。康复性水中健身操按照练习课的顺序、强度循序渐进地安排，分为开始部分、准备部分、基本部分和结束部分。

开始部分一般以基本了解病人的基本病症和身体条件、介绍本次练习的目的、内容及要求为主；准备部分多以一般性准备活动为主，运动强度不要过高；基本部分一般分两部分完成，一是陆上专门性的活动操，二是水中康复性的健身操专门性练习，运动强度要根据练习者受损部位和程度因人而异，一般运动强度不宜过高；结束部分以肌肉放松性或者拉伸练习为主。

创编指导思想如下。

（一）健身性

人们通过在水中进行有氧活动，改善心血管系统与呼吸系统等身体机能，提高身体的柔韧性，减少肌肉的黏滞性，提高肌肉力量，发展肢体协调能力。因此，在创编的过程中，要通过动作在各个方向与快慢强弱上的变化，影响运动者的心率与肌群，同时训练运动者的肢体协调性，达到强身健体的目的。

（二）功能性

为了克服机体的功能性障碍，必须进行功能性训练。功能性练习不是单纯从器官、组织水平看待其功能练习，而是从整体看待功能练习，即满足个体生活、家庭、社会生活、职业需要的水平来看待。所以，功能练习不仅指对某个器官的功能练习，而且包括对运动、感觉、知觉、心理、智能、语言、社会活动和职业需要等特殊的练习。

（三）安全性

通过水中练习能够降低肌肉黏滞性，改善肌肉活动范围和减轻疼痛，但此过程需要日积月累，不可一蹴而就，因此要避免对肌肉的一次性过度牵拉；另外，水中康复健身操是在特殊的水环境中进行的运动项目，水环境不是人类生存的主要环境。因此，在水环境中运动，或多或少存在着风险，运动主体与水环境的互动应适当为宜，减少安全隐患。

在创编水中康复健身操时，动作要符合病症体位姿势，按照病理原理并伴随优美舒缓的音乐做练习，注意动作与音乐的风格统一。因此，在编排动作之前，要反复聆听音乐，找到适合动作练习的音乐，使运动者在运动过程中，感受到和谐积极的运动氛围，在健身康复的同时，释放压力，陶冶情操。

基本原则

一、身体锻炼为主

要按照体育康复计划进行，以病体部位的持续锻炼为主，在持续锻炼的原则上一定要注重康复练习的手段和方法，遵循医嘱或者专业教练员的计划来完成。

二、因人而异

对于不经常参加体育锻炼的人，在接受康复治疗初期，应安排一些徒手、简单的练习手段；而对于经常参加体育锻炼的人，则可以适当增加难度或者直接安排器械性的练习。

不同季节、不同气候、不同工种、不同工作环境等情况，都是因人而异要求中的具体因素，只有全面认真地考察每位患者的情况，制定体育锻炼手段，才符合因人而异的原则，也才能收到最佳的康复效果。

三、循序渐进

机体的适应性改变，要有一定强度的刺激才能产生。过弱的刺激，即运动量过小就没有锻炼的作用；过强的刺激，即超过生理最大负荷的运动量，只能引起机能的破坏。所以，必须在符合个体的机能水平基础上逐步加大运动量。

四、增加阻力

在增强肌力的训练中必须给予一定的阻力，没有阻力状态下的训练达不到增强肌力的目的。阻力可以是自身的重量和肌肉运动时外界施加的阻碍力量。因此，在设计练习计划的加强阶段时，对练习动作进行调整，为实验对象增加适宜的阻力。

五、重复练习

为了使肌力水平得到加强和巩固，需要进行多次的重复收缩训练，一般只有在患者的患肢存在较强烈疼痛时，才能减少次数。

六、适当疲劳

在肌力训练后会产生一定的疲劳，因为没有较为明显的肌肉疲劳就不会产生超量恢复。但过度的疲劳会导致机体的运动能力下降，因此，在设计练习计划的加强阶段和保持阶段，增加适宜的难度，使实验对象产生超量恢复。

类型和内容

水中康复的类型和内容见表 7 - 1。

表 7 - 1　水中康复的类型和内容

类型	内容
腰疼痛康复	陆上柔韧操、水中柔韧、水中肌肉强化练习
更年期综合征	陆上垫上柔韧性练习、水中行走、水中专项动作练习、水中跨栏、游泳练习
高血压、冠心病康复	陆上垫上柔韧性练习、熟悉水性练习、水中行走、水中跑跳、水中游戏
膝踝关节疼痛康复	陆上垫上柔韧性练习、水中行走、水中跑跳、水中游戏
类风湿性关节炎	水中单人拉伸练习、双人辅助性拉伸练习、持器械练习、深水练习
帕金森病	水中单人拉伸练习，双人、多人辅助性拉伸练习，双人、多人持器械辅助性练习
纤维肌疼痛	水中单人拉伸练习、双人辅助性拉伸练习、持器械练习、深水练习

方案设计与案例分析

示例一：下腰痛患者的健身操

1. 病例分析

①腰部慢性积累性损伤，长期需要弯腰工作的人群，或者因为各种姿势不当，使自己腰部的肌肉经常处在被牵连状态的人群，腰部肌肉就会产生慢性损伤，形成腰痛的症状。

②急性腰扭伤后没有及时得到治疗，或治疗处理方法不当、扭伤的肌肉没有得到完全的恢复，遗留下慢性的腰痛症状。

③有少一部分人的腰椎有先天性畸形，或者由于其他原因导致的腰痛。

④慢性腰肌劳损也会受气候环境条件的影响，突然低温或连续阴雨都可能发作或加重腰肌劳损。

2. 活动目的

通过下腰痛水中康复性练习缓解患者疼痛的症状，让患者初步掌握练习方法，在专业指导员的指导下自主地进行练习。通过这种活动方式让更多的人了解水中康复的益处和作用，使更多的人喜爱这种康复性活动。

3. 活动时间

2017 年 9—11 月。

4. 活动地点

天津体育学院。

5. 活动准备

平整宽敞的场地，活动在长 25m、宽 4m、深 1.2m 的游泳池中进行，准备好音响一台。

6. 热身准备

在指导员的指导或带领下做准备活动，防止运动损伤的发生，重点注意腰部的活动。专项活动中主要做垫上活动操。

7. 安全预案

陆上练习应选择平整的地面，不要有任何异物，录音机要摆放合理。电线放置连接安全，告知患者按照指导员的指令统一活动，垫上活动要准备充分，规定好练习的次数和强度。在水中活动时，要选择防滑的、平整的游泳池，可穿水中健身防滑鞋，游泳池边无杂物，练习中需要手扶池边，在指导员的辅助下进行练习。练习的强度根据患者的情况由低到高，练习难度由易到难。当练习不适时，患者要及时向指导员汇报。

8. 活动流程

在指导员的带领下先进行垫上活动。指导员示范并带领患者跟随音乐进行活动。

（1）垫上活动

①深呼吸：仰卧，两腿屈膝缓慢做腹式呼吸。背部贴于垫上，吸气时腹肌用力，臀部稍抬起，呼气时还原，做8次。效果：使腰椎和骶骨排列正确，减少骨盆与腰椎的倾斜度。

②仰卧抱膝：仰卧，单腿慢屈膝收至胸前，两手握小腿向胸前引。做8～10s，左、右及两腿各1次。效果：伸展臀及大腿内侧肌肉，增加髋关节活动范围。

③伸髋：两脚心相对坐于垫上，腰伸直，两手轻轻按压膝部贴至垫面，只要有关节伸展的感觉即可。做8～10s。注意：关节较硬的人不要过分用力。效果：伸展大腿内侧肌肉，加大髋关节活动范围。

④抱足屈体：两脚心相对坐于垫上，两手握脚尖，身体向前屈，头尽力靠近脚。做8～10s。效果：伸展腰部、大腿内侧、背部肌肉，加大髋关节活动范围。

⑤仰卧侧转：两腿交叉分开仰卧，两臂侧展，脸向小腿方向侧转，背部尽力贴于垫面。每个动作持续10s，左右交替各1次。效果：伸展大腿腰腹肌，加大腰部活动范围。

⑥腹肌练习：屈膝仰卧，抬上体尽力使双手触膝8～10s，共做3组。效果：增强腰腹肌力量。注意：如腰部发生疼痛时，停止此练习。

（2）水中练习

①扶边后踢腿：双手扶着岸边，单腿支撑，另一条腿向后摆动，腰背挺直。单腿做10次，然后换腿，每侧做3组。

②扶边侧腰拉伸：双腿自然分开，微微下蹲，一只手扶岸边，另一只手经侧平举到上举尽量靠近扶岸边的手，呼气侧拉，吸气双手侧平举。每侧做15次，共做3组。

③站立向上拉伸：双腿并拢站直，双手经侧平举到上举，两手相握抬头吸气向上牵拉，呼气时下落。做15次，共做3组。

④前后摆动：双腿并拢，吸气时双手上举向后拉伸，呼气时臀向后坐，手贴在水面上。做10次，共做3组。

⑤转体：双腿自然开立，两腿下蹲，水没过肩膀，双手前平举，转体时双手拨动水流。左右各10次，共做3组。

⑥屈膝转髋：单手扶池壁，单腿屈膝站立，单腿屈髋90°从后向前慢慢地大幅度转动。左右交替各8次，共做3组。

⑦直腿转髋：单手扶池壁，单腿站立，另一侧腿从后向前慢慢地大幅度转动。左右交替各8次，共做3组。

⑧抗阻行走：双手持浮板，使浮板立在水中，上体稍微前倾，推着浮板向前行走（25m）2趟，每趟90s。最后，在水中放松行走100m。

9. 练习密度

35%～40%。

10. 运动负荷

平均心率每分钟90次左右。测量时间主要在两个阶段，分别是陆上垫上操和水中集中练习阶段。主要方式是指导者抽查病患者的心率。

11. 活动观察

在练习中发现，起初患者对水中练习不够适应，其中有人不会游泳，在水中不能够稳定地站立，影响了练习的效果。先调整练习进度，让患者做一些熟悉水性的练习，能够在水中站立平稳，自如活动。为此，先尝试做了一次预演，发现练习者因为患病程度不一，练习强度和效果并不理想，所以，调整了练习强度和顺序，然后再次进行练习，练习效果比较明显。在练习中，虽然指导者的动作示范标准，但练习者动作做得不太标准，指导者要加强语言指导能力。

12. 练习实效

下腰痛实验前后数据对比见表7-2。

表 7－2　下腰痛实验前后数据对比

项目	疼痛感觉		社会活动		日常活动	
	实验前	实验后	实验前	实验后	实验前	实验后
N	10	10	10	10	10	10
均值	3.25	2	3.75	2.75	9.5	7.25
标准差	0.5	0	0.5	0.5	1.291	0.9574
P 值（双侧）	—	0.020 0.015	—	0.030 0.030	—	0.031 0.034

下腰痛水中康复健身操主要是缓解和改善腰部活动受损限制，发展腰部的力量，改善腰部活动幅度，使患者疼痛感减轻，能够正常参与社会活动和日常活动。通过表 7－2 平均得分值可以看出，实验后的均值都比实验前的均值少，10 名运动员有 50% 在疼痛程度上有所缓解；而在社会活动自理能力上同样有 50% 的运动员有所缓解，最后在日常活动中更是有 70% 的运动员的得分小于实验前的分值。因此，充分证明了受试者经过为期一个月的水中健身操的操练，疼痛的感觉、社会活动、日常活动三方面与实验前相比得到明显地缓解。由此可见，水中健身操成功地缓解了下腰痛患者的疼痛，有效地改善了受试者的身体状况。

示例二：膝关节疼痛的健身操

1. 病例分析

导致这种运动损伤的原因大致可分为三种：一是由于运动员在训练或比赛前准备活动不充分，自我保护意识差导致的；二是由于运动员在完成特定动作时动作不规范，致使某些部位承受的负荷超出正常范围，导致运动损伤的发生；三是由于运动员的自身素质无法满足动作技术要求的需要，致使关节出现损伤。膝关节运动损伤的症状大体可以分为半月板损伤和韧带损伤两类。

2. 活动目的

通过膝关节水中康复性练习可以减轻患者疼痛的症状，让患者初步掌握练习方法，在指导员的指导下能够自主进行练习。

3. 活动时间

2017 年 9—11 月。

4. 活动地点

天津体育学院游泳馆。

5. 活动准备

平整宽敞的场地，长 25m、宽 4m。在指导员的带领下做准备活动，防止运动损伤的发生，重点注意膝关节的活动。

6. 安全预案

练习之前先检查练习场地、设施和器材是否符合练习的需要，不要有任何异物，录音机要摆放合理。电线放置连接安全。当进行水中活动时，要选择防滑的、平整的游泳池，或者练习时穿水中健身防滑鞋进行练习，游泳池边无杂物，练习中需要手扶池边，在指导员的辅助下进行练习。告知患者应按照专业指导员的指令统一活动。练习的强度需根据患者的情况由低到高，练习难度由易到难。

7. 活动流程

指导员示范并带领患者跟随音乐进行活动。

（1）适应阶段（练习时间为 2 周）

①水中行走：双手叉腰，动作速度保持在每分钟 30m 左右，练习距离为25m × 4 趟，行走时要走直线，不可左右摇摆。

②提膝：双手叉腰，呈站立姿势（以右腿为例），右腿抬起大腿与水面平行，小腿垂直于水面。练习距离为 25m ×2 趟。练习时背部贴紧池壁。

③前踢腿：双手叉腰，呈站立姿势（以右腿为例），右脚向前踢出，再收回，交替踢腿。整个过程始终保持直腿状态。练习距离为 25m ×2 趟，共做 2 组。上体挺直，踢腿后保持 5s。

④兔子跳：双腿并拢站立，屈膝，向前跳，双脚同时落地。练习距离为 20m × 4 趟，进行兔子跳时，腰要挺直，两臂侧平举，屈膝下蹲时水要没到肩部。

⑤行进间踢腿：双手叉腰向前行进时，迈左脚向前踢右脚，右脚踢完脚后跟着地，再踢左脚，交替进行。练习距离为 25m ×4 趟。踢腿时，腿要绷直，双腿间

的夹角要尽量接近90°，脚后跟先着地。

⑥跨步走：双手叉腰，向前跨一步，屈膝，后腿的膝关节不要碰到池底。练习距离为25m×4趟。当跨步走时，步幅尽量要大，腰要挺直，前跨时水尽量没过肩部。

⑦下蹲：背贴着池壁，双手前平举下蹲至力所能及的位置，脚后跟不要离地，然后慢慢站起。每分钟大约做12个，此为1组，共做3组。腰背挺直紧贴池壁，小腿与大腿保持90°。

（2）加强阶段（练习4周）

①水中行走：练习距离为25m×6趟。两臂侧平举，走到25m终点后，倒退行走回出发点。

②抱胸水中交叉步：左脚向侧迈一步，腿伸直，右脚向后交叉，左脚再侧向迈一步，右脚前交叉，交替行走。练习距离为25m×6趟。行走时腿要伸直，尽量不要屈膝行走。

③水中画“8”字：慢慢地用脚画“8”字，可以向上、向下或水平地练习。每侧腿练习25m，练习距离为25m×6趟。练习时，动作幅度要大。

④兔子跳：练习距离为25m×4趟。进行兔子跳时，腰要挺直，两臂侧平举，屈膝下蹲时水要没到肩部。

⑤行进间踢腿：练习距离为25m×6趟。

⑥跨步走：练习距离为25m×6趟。

⑦下蹲：每分钟大约做15个，共做3min。

（3）保持阶段（练习2周）

①水中行走：练习距离为25m×6趟。

②单腿下蹲：背贴着池壁，双手抱胸，一侧腿前伸，另一侧腿下蹲至力所能及的位置，脚后跟不要离地，然后慢慢站起。每分钟大约做15个，此为1组，共做3组。

③抱胸水中交叉步：练习距离为25m×6趟。

④兔子跳：练习距离为25m×4趟。

⑤跨步走：练习距离为25m×6趟。

⑥行进间踢腿：练习距离为25m×6趟。

⑦下蹲：每分钟大约做15个，此为1组，共做3组。

8. 练习密度

35%～40%。

9. 运动负荷

平均心率每分钟95次左右，测量时间分别在适应阶段、加强阶段和保持阶段集中练习中。主要方式是指导者抽查病患者的心率。

10. 活动观察

在练习的适应阶段，由于有几个患者不会游泳，对水中练习不够适应，不能稳定地站立，影响了练习的效果。只有适应练习阶段进行了3周的时间，才能在水中较为自如地做各种方向的走动和各种活动。在水中的各种行走和踢腿练习，第一次让患者感到水的阻力，只有通过努力才能完成，达到了练习的效果。强化阶段，动作练习次数和距离增加，练习者觉得练习强度过大，身体疲劳感强，所以经过调研，调整为现在的练习次数和距离。在练习中，指导者的动作示范标准，但练习者动作做得不太标准，指导者要加强语言指导能力。根据患者练习的程度要求他们完成不同强度的练习，以达到练习的最佳效果。

11. 练习实效

从实验过程及与受试对象的交流中可知，水中康复健身操可以增强膝关节周围肌肉的力量，增加其稳定性，缓解膝关节疼痛。此外，肌肉收缩可以促进关节滑液的循环，有助于关节软骨的营养，促进损伤部位的修复。长期练习水中健身操有促进新陈代谢，改善肢体的灵活性，增强体质和关节的稳定性，减缓关节磨损的作用。

实验的后半部分采取了增加运动强度的手段。实验的结果表明，在锻炼中后期增加适宜的强度后，由于患肢的力量和稳定性都有所提高，患者对患肢的控制能力得到加强，疼痛得以缓解，而僵硬及行动困难程度与之前相比也明显下降了许多。这说明，在膝关节运动损伤的后期进行适宜强度的康复训练，对患者的恢复有着积极的作用。

膝关节WOMAC评分表的评估标准共分为五级：0－无症状，1－轻度程度，2－中度程度，3－严重程度，4－非常严重程度，根据膝关节运动损伤症状体征评估标准，对10名受试者进行实验前膝关节运动损伤情况的调查。受试者膝关节运动损伤症状体征统计结果见表7－3至表7－5。

表7－3　实验前受试者的症状体征 WOMAC 统计表

	运动员									
	1	2	3	4	5	6	7	8	9	10
疼痛	1.6	1.8	2	1.6	2.2	2.2	1.8	2.4	2.2	2.2
僵硬	1.75	2	2.25	1.25	1.75	2.25	2	2.75	2.25	2.5
行动困难程度	1.76	1.65	1.59	1.47	1.35	1.82	1.76	2.06	1.76	1.94
平均值	1.7	1.81	1.95	1.44	1.77	2.09	1.85	2.4	2.07	2.21

表7－4　实验后受试者的症状体征 WOMAC 统计表

	运动员									
	1	2	3	4	5	6	7	8	9	10
疼痛	0.8	0.8	0.6	0.6	1.2	1.4	0.8	1	1	0.8
僵硬	0.75	0.75	0.75	0.25	0.75	0.75	0.75	1.25	1.25	1
行动困难程度	1.29	1.29	1.24	1.12	0.88	1.41	1.47	1.29	1.47	1.47
平均值	0.94	0.94	0.86	0.65	0.94	1.18	1	1.28	1.24	1.09

表7－5　实验前后受试者的症状体征 WOMAC 统计表

	运动员									
	1	2	3	4	5	6	7	8	9	10
实验前平均值	1.7	1.81	1.94	1.44	1.76	2.09	1.85	2.4	2.07	2.21
实验后平均值	0.94	0.94	0.86	0.65	0.94	1.18	1	1.28	1.24	1.09
P 值	0.014	0.012	0.016	0.045	0.042	0.025	0.025	0.013	0.016	0.012

结论

（1）水中健身操可以对下腰痛的痛觉有明显的改善，对下腰痛的缓解有积极的作用。

（2）水中健身操对膝关节运动损伤者的疼痛、僵硬、行动困难有积极的康复作用。

（3）在练习中，适当地增加健身操的动作难度，有利于患肢的康复。

专题八

循环训练法对水平一学生平衡能力影响的研究

——基于辅助器械体操内容的案例分析

研究目的与意义

一、研究目的

通过利用小学现有辅助器械和新增辅助器械完成体育课的教学，测定以辅助器械体操循环训练为主的教学干预下，水平一的二年级小学生站立、坐、仰卧和俯卧不同体位姿势的静态平衡能力和行走、爬行的动态平衡能力变化的情况，探索小学男女生动态和静态平衡能力的差异，寻找改善小学生平衡能力的有效辅助体操练习内容和循环练习的设计，丰富体育课堂教学内容，解决小学生平衡能力较差的实际问题。

二、研究意义

（1）拓展小学生平衡能力研究的视野和方向，丰富小学生平衡能力研究的内容，促进小学体育与健康的校本课程内容开发。

（2）验证辅助器械体操内容和循环训练方案对小学生平衡能力增长的效果。

研究对象与方法

一、研究对象

以循环训练法对水平一学生平衡能力的影响为实验对象。

二、研究方法

（一）文献资料法

通过中国知网、维普数据库、万方数据库，分别以“循环训练法”“平衡能力”“辅助器械”和“体操教学内容”等为关键词进行相关文献的查询。借阅了近年来人民教育出版社出版的小学体育与健康教师用书和相关文献资料。

（二）访谈法

访谈内容：水平一的二年级学生身心发展的特点，小学生体操循环练习要遵循的原则，小学生平衡能力练习方法，哪些辅助器械体操练习适合发展小学生平衡能力，影响小学生平衡能力的因素、平衡木、平衡垫、瑞士球、海绵垫等辅助器械的相关体操练习中适合低年级小学生练习的内容，小学生平衡能力的测试项目、各项目测试成绩的等级划分等。

访谈方式：面谈和填写调查表。

访谈对象：天津体育学院体操及相关项目的专家8 人（其中正教授2 人，副教授6 人）和小学体育教师（教龄在 5 年以上）4 人进行访谈。

访谈结果：确定教学使用的辅助器械、辅助器械体操循环练习内容、平衡能力的测试项目、各项目测试成绩的等级划分等。

（三）实验法

1. 实验目的

探究辅助器械体操循环训练对水平一的学生平衡能力的干预效果。

2. 实验对象

天津市河西区中心小学、东湖校区水平一的二年级 4 个自然班的学生，人数

136 人（其中男生 70 人、女生 66 人）。

3. **实验时间**

2017 年 9 月 1 日—12 月 30 日。

4. **实验场地**

天津河西区中心小学、东湖校区室外操场和教室内。

5. **实验器材**

实验所需的各类表格、海绵垫、平衡木、体操凳、平衡垫、瑞士球、秒表等。

6. **测试项目**

采用 7 项实验测试项目来评定受试者的静态平衡和动态平衡能力，其中静态平衡 5 项，包括闭目单脚站立，平衡垫单脚站立、平衡垫坐、闭目瑞士球俯卧、瑞士球仰卧（图 8－1 至图 8－5）；动态平衡 2 项，包括平衡木行走、平衡木爬行（图 8－6、图 8－7）。

图 8－1　闭目单脚站立

图 8－2　平衡垫单脚站立

图 8－3　平衡垫坐

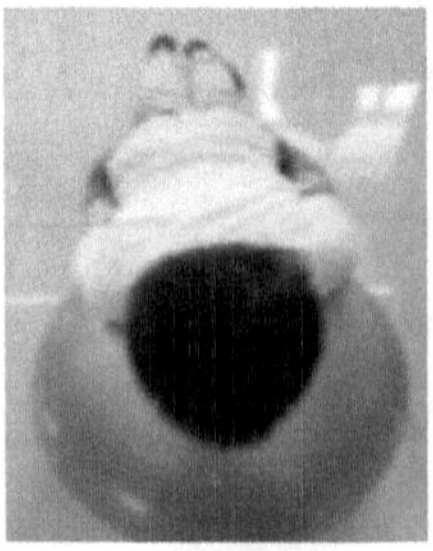

图 8－4　闭目瑞士球俯卧

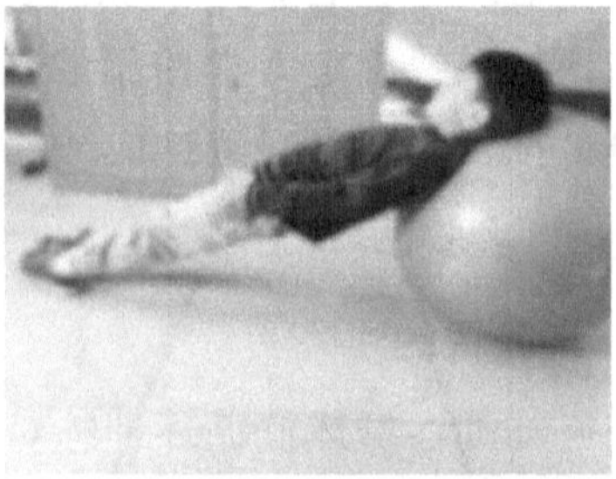

图 8－5　瑞士球仰卧

图 8－6　平衡木行走

图 8－7　平衡木爬行

7. **实验控制**

实验采用实验对象单组前、后测试，实验对象都是水平一的二年级学生，基本可以配合完成整个实验；实验期间，实验对象以班级为单位进行教学实验，教学实验按教学方案执行；实验班级的教学由研究者进行，实验班级的体育教师从旁进行辅助；实验前、后测试将实验对象分成 2 组进行测试，分别由研究者和实验班级体育教师组织进行，实验前、后测试对象和测试人员保持一致；循环训练法干预期间，由研究者进行教学，将学生分成 4 组，其中 2 组练习另外 2 组保护；实验期间根据学生的实际情况及实验班教师建议，二年级学生运动负荷不宜过大，动作由简单到复杂，由单一到组合，采取循序渐进的方式进行，辅助器械体操练习主要采用循环训练法。

（四）数理统计法

收集实验对象各个测试项目的前、后测试结果，将数据输入 Excel 2016 后，利用 SPSS 19.0 统计软件对相应的测试数据进行处理和分析，并对测试结果进行配对样本 T 检验，得出相应的结论。$P<0.05$ 时，实验结果有显著差异；$P<0.01$ 时，具有高度显著差异；$P>0.05$ 时，不具有显著差异。

教学实验设计

通过辅助器械体操循环训练对水平一的学生平衡能力进行干预前、后测试项目数据的对比分析，对辅助器械体操循环训练效果进行验证。

一、预实验

预实验的目的：对少数实验对象进行小规模的实验，其目的是熟悉实验场地、了解实验基本条件、实验对象的基本情况；检验实验对象是否能够完成实验测试项目和干预内容，对实验前、后测试中可能遇到的困难和出现的问题，制定相应的解决方案，以保证实验的顺利进行。

预实验内容：闭目单脚站立、平衡垫单脚站立、平衡垫坐、闭目瑞士球俯卧、瑞士球仰卧、平衡木行走、平衡木爬行、平衡木单脚站立、单排平衡垫行走、双排平衡垫行走、燕式平衡，共 11 项实验测试项目（图 8－8 至图 8－18）。通过预实验最终确定 7 项为实验的测试项目。

图 8－8　闭目单脚站立

图 8－9　平衡垫单脚站立

图 8－10　平衡垫坐

图 8－11　闭目瑞士球俯卧

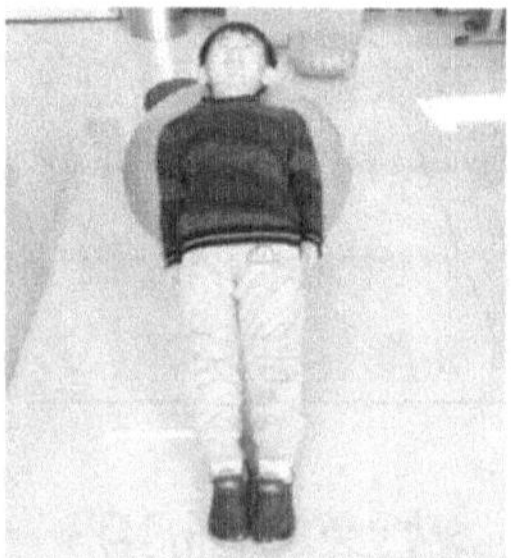

图 8－12　瑞士球仰卧

图 8－13　平衡木行走

图 8－14　平衡木爬行

图 8－15　平衡木单脚站立

图 8－16　单排平衡垫行走

图 8－17　双排平衡垫行走

图 8－18　燕式平衡

二、实验因素的控制

在实验期间，实验班级的体育课程由测试者进行教学，整个过程只有测试者本人了解相关情况，学生不知道进行实验及实验干预后要进行测试。在教学实验过程中，实验班级体育课的准备部分和结束部分按教学常规进行，教学内容干预主要针对体育课的基本部分。实验前测试和实验后测试时，保证测试器材、测试场地和测试人员一致，做到对影响实验结果的相关因素进行严格控制。

三、实验步骤

第一，实验前对水平一的二年级实验对象进行预实验，预实验目的是验证测试项目是否可行，实施辅助器械体操循环训练干预能否完成。通过预实验，对实验测试项目进行筛选并进行最终确定，确定实验对象基本可以完成实验指标。第二，对进行预实验的辅助器械体操内容、循环训练方案和实验班级教师进行进一步的商讨，进行最终确认。最终确定为身体重心变化类、前庭觉变化类、视觉变化类、支撑面变化类四大类辅助器械体操内容。第三，实验中，针对天津市冬季大风、雾霾、雨雪天气较多和无室内运动场地等情况，安排适量的室内教学内容，方便在特殊天气状况下将体育课安排在教室进行，以确保完成实验任务。第四，辅助器械体操循环训练干预后，对实验对象再次进行实验指标测试，并与实验前的测试项目进行对比分析，验证辅助器械体操循环训练实验干预对二年级学生平衡能力影响的效果。

四、辅助器械体操循环训练的设计

（一）练习的目的

辅助器械体操练习是借助辅助器械完成的，不同种类和色彩的辅助器械能吸引学生的注意力，激发学生的学习兴趣；练习内容的有趣名称能激发学生的好奇心，使学生能主动学习和积极参与。辅助器械体操练习能在练习的过程中充分、全面地锻炼学生身体的平衡能力、力量、协调性等基本身体素质和培养同学之间团结协作的意识。

（二）选用辅助器械及其特点

练习和测试时选用海绵垫、体操凳、平衡木、平衡垫、瑞士球等辅助器械。海绵垫、平衡垫、瑞士球属于非稳定支撑面，对肌肉的刺激更为强烈，对关节周围的小肌群力量的增长有显著效果，同时对静态平衡能力有较大帮助。体操凳和平衡木能增加练习者的生理负荷、肌肉力量，并提高练习者的心理素质。

（三）使用辅助器械和保护方法

当使用辅助器械进行体操练习时，要教会学生正确的使用方法、自我保护和互相保护技术，如平衡垫站立时应注意脚的中心位置踩平衡垫中心的位置；平衡垫坐时，人体的重心应与平衡垫的中心在同一条垂直线上；平衡木行走时手臂尽量侧平举，目视脚前方，身体保持直立；平衡木爬行时手应一前一后抓住平衡木，异侧手和脚协调爬行；平衡垫提踵练习时练习的学生应双手扶着保护同学的肩膀，保护同学应双手扶着练习同学的腰部。

（四）内容设计

1. 内容设计的依据

辅助器械体操内容设计的依据包括水平一的学生生理和心理特征、平衡能力的影响因素、场地及设施条件等。

2. 内容设计的要求

辅助器械体操内容设计应注意以下几点要求：第一，辅助器械体操练习内容设计应符合小学生喜好，接近儿童生活，动作应具备可操作性、安全性、趣味性。第二，在内容设计上，应遵循由易到难、由单个到组合、循序渐进的原则。第三，辅助器械的支撑面应由大到小、由稳定到不稳定、由地面到离地一定高度。第四，练习内容的运动负荷应由小到大逐渐递增。第五，能培养学生良好的身体姿态、增强大小肌肉群力量、改善身体平衡能力、提高身体灵活性、增强身体协调性；加强学生方向感、空间感等。

3. 循环训练法的方案设计

身体重心变化类体操练习内容。企鹅走：两腿并拢深蹲走；鸭子走：两腿打开深蹲走；矮人走：并腿半蹲走；跳跳虫：开合跳；小兔跳：并腿半蹲跳；青蛙跳：开腿深蹲跳；斗鸡跳：左右脚单脚跳；跳石头：由地面跳上平衡垫站稳；勇过铁索桥（图 8－19）；踩着石头过河（图 8－20）；滚雪球（图 8－21、图 8－22）；跳跳球：身体俯卧于瑞士球上，双手支撑地面，两脚并拢，利用屈、直臂变换和踝关节的用力蹬地做主动压瑞士球和弹起练习。利用辅助器械有海绵垫、体操凳、瑞士球、平衡垫。

图 8－19　勇过铁索桥

图 8－20　踩着石头过河

图 8－21　滚雪球（1）

图 8－22　滚雪球（2）

身体重心变化类辅助器械体操循环练习方案见表 8－1、表 8－2。

表 8－1　身体重心变化类辅助器械体操循环练习方案一

循环练习方案一	
企鹅走 2m（体操凳）→	跳跳虫 10 次（海绵垫）
↑	↓
跳跳球 10 次（瑞士球）	勇过铁索桥（平衡垫）
↑	↓
小兔跳 10 次（平衡垫）←	鸭子走 3m（海绵垫）

表 8-2 身体重心变化类辅助器械体操循环练习方案二

循环练习方案二		
矮人走 2m（体操凳）	→	青蛙跳 10 次（平衡垫）
↑		↓
斗鸡跳右脚 10 次（海绵垫）		滚雪球 10 次（瑞士球）
↑		↓
跳石头（平衡垫）	←	斗鸡跳左脚 10 次（海绵垫）

前庭感觉变化类体操练习内容选择。蜘蛛爬：屈体臂屈膝爬行；蚂蚱爬（图 8-23）：仰卧直臂屈膝爬行；匍匐前进，屈臂屈膝侧卧爬行；婴儿爬（图 8-24）：直臂双膝跪地爬行；蝎子爬（图 8-25）；小斜拉桥支撑：侧身单臂肘支撑；大斜拉桥支撑（图 8-26）；疯狂陀螺：学生屈膝半蹲，手持平衡垫原地左转 3 周，右转 3 周后沿着直线跑或跳；圆木滚滚：也称直体滚动，学生横卧两臂上举，两腿并拢、身体收紧躺在按角度摆放或平放的体操垫上，做连续直体侧滚。利用的辅助器械有海绵垫、体操凳、瑞士球、平衡垫。

图 8-23 蚂蚱爬

图 8-24 婴儿爬

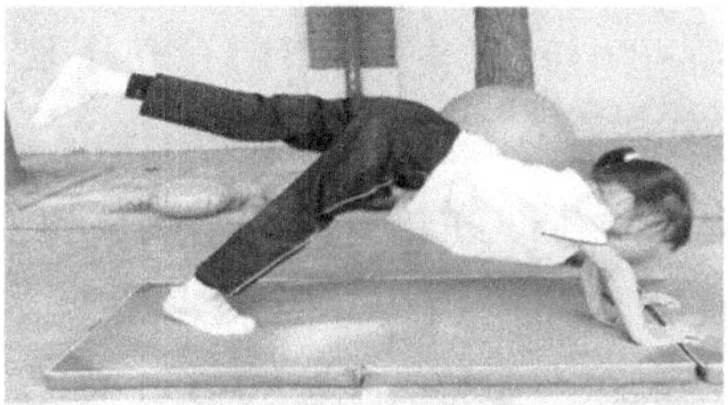

图 8-25 蝎子爬

图 8-26 大斜拉桥支撑

前庭觉变化类辅助器械体操循环练习法方案见表8－3、表8－4。

表8－3 前庭觉变化类辅助器械体操循环练习法方案一

循环练习方案三
婴儿爬4m（海绵垫）→圆木滚滚左滚、右滚各4m（海绵垫）
↑　　　　↓
疯狂陀螺（平衡垫）　蜘蛛爬4m（海绵垫）
↑　　　　↓
小斜拉桥右支撑10s←蚂蚱爬4m←小斜拉桥左支撑10s

表8－4 前庭觉变化类辅助器械体操循环练习法方案二

循环练习方案四
匍匐前进爬4m→圆木滚滚左滚4m→圆木滚滚右滚4m
↑　　　　↓
蝎子爬（抬右腿）　蝎子爬（抬左腿）
↑　　　　↓
大斜拉桥右支撑10s←疯狂陀螺←大斜拉桥左支撑10s

支撑面变化类体操练习内容。天鹅走：提踵直膝行走；笨熊走：抬脚尖、脚跟着地直膝行走；金鸡独立（图8－27）；燕式平衡（图8－28）；垫上芭蕾（图8－29）；不倒翁：双脚并拢蹲在平衡垫上做前后、左右摇晃并维持身体平衡；跷跷板（图8－30）；跳石头；海上冲浪：学生两腿屈膝，分开站在2个平衡垫上，站稳后分腿跳下平衡垫，平衡垫放置在2排海绵垫中间（图8－31）；垫上脚踏车（图8－32）；燕子飞翔：学生双手伸直支撑在体操垫上，双腿屈膝利用踝的蹬地力量使双脚腾空；大鹏展翅（图8－33）；滑翔伞：学生趴在垫有海绵垫的体操凳上，手抓住体操凳，脚离开地，听教师口令并腿或分腿控平衡；穿越独木桥（图8－34）。利用的辅助器械为海绵垫、体操凳、平衡木和平衡垫。（图8－35）

图 8－27　金鸡独立

图 8－28　燕式平衡

图 8－29　垫上芭蕾

图 8－30　跷跷板

图 8－31　海上冲浪

图 8－32　垫上脚踏车

图 8－33　大鹏展翅

图 8－34　穿越独木桥

图 8－35　利用的辅助器械

支撑面变化类辅助器械体操循环练习方案见表 8－5、表 8－6。

表 8－5　支撑面变化类辅助器械体操循环练习方案一

循环练习方案五
天鹅走 4m→不倒翁前、后、左、右晃动各 10 次
↑　　　　　　　　　↓
跳石头 10 次　穿越独木桥正走 1 次
↑　　　　　　　　　↓
跷跷板←笨熊走 4m←　金鸡独立左、右脚各 10s

表 8－6　支撑面变化类辅助器械体操循环练习方案二

循环练习方案六
天鹅走 4m→燕式平衡右 10s（海绵垫）→笨熊走 4m
↑　　　　　　　　　↓
大鹏展翅 10 次（体操凳）　燕式平衡左 10s（海绵垫）
↑　　　　　　　　　↓
笨熊走（体操凳）←垫上脚踏车 30 次←天鹅走（平衡木）

视觉变化类辅助器械体操练习内容。闭眼金鸡独立（图 8－36）、平衡垫深蹲、不倒翁、燕式平衡（图 8－37）、瑞士球俯卧和仰卧、平衡垫站立等静力性身体平

衡控制的练习，以及动力性动作，如疯狂陀螺练习。

图 8－36　闭眼金鸡独立

图 8－37　燕式平衡

视觉变化类辅助器械体操循环练习方案见表 8－7。

表 8－7　视觉变化类辅助器械体操循环练习方案

循环练习方案七	
平衡垫站立 10s→平衡垫深蹲 10s→瑞士球俯卧 10s	
↑	↓
疯狂陀螺练习	金鸡独立 10s
↑	↓
瑞士球仰卧 10s←燕式平衡左右各 10s←斗鸡跳左右各 10 次	

综合类辅助器械体操循环练习方案设计是在学生对 4 类练习内容已经较为熟悉后，教师根据课堂教学的具体任务，用简单动作组成固定不变的练习“流程”，建立较多的练习站点，每个“站”都有不同的负荷和不同的作用，学生按照制定的顺序、路线变化练习内容，依次完成每个站的练习，反复地进行强化练习的方法。综合类辅助器械体操循环练习方案中应包括 4 类练习内容，练习难度、密度、强度和负荷可根据学生的实际情况进行调整。

综合类辅助器械体操循环练习方案见表 8－8 至表 8－11。

表 8-8 综合类辅助器械体操循环练习方案一

循环练习方案八
金鸡独立闭眼 10s→矮人走 2m 体操凳→圆木滚滚 2m（海绵垫）
↑ ↓
穿越独木桥正走 1 次 企鹅走 2m（体操凳）
↑ ↓
大鹏展翅 10 次 ← 婴儿爬 4m ← 跳跳虫 8 次（海绵垫）

表 8-9 综合类辅助器械体操循环练习方案二

循环练习方案九
燕式平衡 10s（海绵垫）→鸭子走 4m（体操凳）→跷跷板 10 次（海绵垫）
↑ ↓
小兔跳 4m（海绵垫） 蜘蛛爬 4m（海绵垫）
↑ ↓
疯狂陀螺（闭眼）←青蛙跳 10 次（平衡垫）←垫上脚踏车 30 次

表 8-10 综合类辅助器械体操循环练习方案三

循环练习方案十
小斜拉桥左 10s→企鹅走 4m（体操凳）→燕子飞翔 10 次（体操凳）
↑ ↓
金鸡独立（平衡垫） 蝎子爬 4m（海绵垫）
↑ ↓
婴儿爬（平衡木）←斗鸡跳右脚 4m←海上冲浪 10 次（平衡垫）

表 8－11　综合类辅助器械体操循环练习方案四

循环练习方案十一
垫上芭蕾 20 次→斗鸡跳左脚 4m→　垫上脚踏车 30 次 ↑　　　　　　　　↓ 斗鸡跳右脚 4m　　　　平衡木爬 ↑　　　　　　　　↓ 疯狂陀螺（闭眼）←滚雪球 10 次（瑞士球）←圆木滚滚左、右各 4m

五、实验班的课时分配

辅助器械体操课时分配表见表 8－12。

表 8－12　辅助器械体操课时分配表

项目	主要学习内容	课时数
1. 实验前测	平衡能力测试项目的测试	7
2. 4 类辅助器械体操内容学与练	各种行走、爬行、跳跃、支撑的模仿和练习，旋转、滚动、视觉变化的练习等	7
3. 重心变化类辅助器械体操内容	主要借助辅助器械完成的各种行走、跳跃支撑和支撑跳跃等身体动作循环练习	4
4. 前庭觉变化类辅助器械体操内容	主要借助辅助器械完成爬行、旋转和垫上滚动等身体动作循环练习	4
5. 支撑面变化类辅助器械体操内容	利用辅助器械完成的各种身体支撑变化动作和在不稳定支撑面上的身体控制动作循环练习	6
6. 视觉变化类辅助器械体操内容	睁眼和闭眼交替完成各种动作循环练习	2
7. 综合类辅助器械体操内容	4 类辅助器械体操动作组合的循环练习	8
8. 实验后测	平衡能力测试项目的测试	7
合计		45

六、实验后测

对实验对象实施教学干预后进行测试，并对测试结果数据进行分析，实验前、后测试人员、测试场地、测试器材等会影响实验结果的相关条件都应尽量保持一致，以保证实验后测试的相关数据与实验前测试的数据有可比性。

研究结果与分析

实验中，由于性别差异，辅助器械体操循环练习对水平一的二年级学生静态和动态平衡能力会产生不同程度的影响，本次实验除了对二年级学生实验前、后的静态和动态平衡能力进行对比分析外，还在性别维度上对实验前、后的静态和动态平衡能力进行对比分析。

一、实验前二年级男女生平衡能力方面情况的对比分析

从表8－13可以看出实验前二年级女生闭目单脚站立、平衡垫单脚站立、平衡垫坐三项静态平衡的测试成绩整体比男生好，闭目瑞士球俯卧和瑞士球仰卧两项静态平衡测试成绩整体比男生差，平衡木行走、平衡木爬行两项动态平衡测试成绩整体比男生差。

表8－13　二年级学生实验前后各项指标统计表

测试项目		性别	实验前（$\bar{X} \pm SD$）	实验后（$\bar{X} \pm SD$）	t	P
静态平衡	闭目单脚站立	男	13.46±9.18	20.28±9.53	－37.93	0.00
		女	16.33±10.95	24.30±10.55	－26.75	0.00
	平衡垫单脚站立	男	8.93±8.72	15.01±9.00	－34.11	0.00
		女	10.39±5.66	17.58±6.43	－33.99	0.00
	平衡垫坐	男	3.75±3.21	7.95±4.15	－25.79	0.00
		女	6.58±5.90	11.73±6.56	－32.00	0.00

续表

测试项目		性别	实验前（$\bar{X} \pm SD$）	实验后（$\bar{X} \pm SD$）	t	P
	闭目瑞士球俯卧	男	22.19 ± 24.31	27.42 ± 23.64	−22.26	0.00
		女	18.76 ± 12.10	25.17 ± 12.10	−18.15	0.00
	瑞士球仰卧	男	20.49 ± 22.10	25.91 ± 20.97	−13.56	0.00
		女	18.94 ± 17.18	24.22 ± 16.99	−25.52	0.00
动态平衡	平衡木行走	男	7.19 ± 3.70	6.37 ± 3.06	9.28	0.00
		女	9.19 ± 4.93	8.35 ± 4.41	10.83	0.00
	平衡木爬行	男	24.16 ± 8.10	20.22 ± 7.48	27.46	0.00
		女	29.31 ± 11.97	25.50 ± 10.64	17.12	0.00

注：$P < 0.01$ 具有显著性差异。

二、实验后二年级男女生平衡能力方面情况的对比分析

从表 8 - 13 可以看出，经过辅助器械体操循环练习教学实验干预后，二年级女生闭目单脚站立、平衡垫单脚站立和平衡垫坐三项静态平衡的测试成绩整体比男生好，闭目瑞士球俯卧和瑞士球仰卧两项静态平衡测试成绩整体比男生差，平衡木行走、平衡木爬行两项动态平衡测试成绩整体比男生差。

三、实验前后二年级学生平衡能力方面情况的对比分析

从闭目单脚站立、平衡垫单脚站立、平衡垫坐的静态平衡能力的测试成绩分析可知，在对水平一的学生进行辅助器械体操循环练习的干预后男女生各项成绩均有所提高。由表 8 - 13 可知，男生闭目单脚站立的成绩均值由 13.46s 增长到 20.28s，$t = -37.93$，$P < 0.01$，成绩呈显著性提高。女生闭目单脚站立的成绩均值由 16.33s 增长到 24.30s，$t = -26.75$，$P < 0.01$，成绩呈显著性提高。男生平衡垫单脚站立的成绩均值由 8.93s 增长到 15.01s，$t = -34.11$，$P < 0.01$，成绩呈显著性提高。女生的平衡垫单脚站立成绩均值由 10.39s 增长到 17.58s，$t = -33.99$，$P < 0.01$，成绩呈显著性提高。男生平衡垫坐的成绩均值由 3.75s 增长到 7.95s，

$t = -25.79$，$P < 0.01$，成绩呈显著性提高。女生的平衡垫坐成绩均值由6.58s增长到11.73s，$t = -32.00$，$P < 0.01$，成绩呈显著性提高。在这3项静力性平衡测试项目中，男生、女生后测成绩相对前测成绩均有显著提高。女生测试成绩无论是实验前还是实验后均优于男生。因此，辅助器械体操循环练习对二年级学生的闭目单脚站立、平衡垫单脚站立、平衡垫坐的静态平衡能力的提高有显著效果。

在闭目单脚站立实验前测中，心理因素是小学生平衡能力的影响因素之一。学生对有不确定因素的未知动作存在害怕心理，测试过程中有个别学生可能出现眯眼偷看现象，测试时测试人员在计时的同时要注意学生的眯眼偷看现象，以免出现计时误差。在实验时先要求学生不能眯眼偷看，在趣味体操练习实验干预时进行睁眼和闭眼相结合的静态视觉变化练习，如睁眼和闭眼的金鸡独立、不倒翁、燕式平衡等练习。在这些动作的训练中，除去无视觉干扰因素，利用自身本体感觉来维持身体姿势的平衡。学生模仿教师正确动作示范的同时，教师讲解“睁眼”和“闭眼”时的动作要领的区别，并对错误动作进行及时的纠正，使学生形成正确的动作，锻炼学生通过自主神经对视觉的调控，改善学生的闭眼恐惧心理。在平衡垫单脚站立和平衡垫坐实验前测试中，由于平衡垫属于不稳定的接触面，又是学生从未接触过的辅助器械，他们对于未知的辅助器械和利用摇晃物体承受自身体重存在着害怕的心理，这些对学生的实验前测试成绩都有着一定的影响。

从闭目瑞士球俯卧和瑞士球仰卧两项静态平衡能力的测试成绩分析，在对水平一的二年级学生进行辅助器械体操循环练习的实验干预后，男女生成绩均有所提高。由表8－13可知，男生闭目瑞士球俯卧的成绩均值由22.19s增长到27.42s，$t = -22.26$，$P < 0.01$，成绩呈显著性提高。女生闭目瑞士球俯卧的成绩均值由18.76s增长到25.17s，$t = -18.15$，$P < 0.01$，成绩呈显著性提高。男生瑞士球仰卧的成绩均值由20.49s增长到25.91s，$t = -13.56$，$P < 0.01$，成绩呈显著性提高。女生瑞士球仰卧的成绩均值由18.94s增长到24.22s，$t = -25.52$，$P < 0.01$，成绩呈显著性提高。在这两项静力性平衡测试项目中，男生、女生实验后测试成绩相对实验前测试成绩均有显著提高。男生测试成绩无论是实验前还是实验后均优于女生。因此，借助辅助器械进行的趣味体操练习对二年级学生的闭目瑞士球俯卧和瑞士球仰卧的静态平衡能力有显著提高的效果。

在闭目瑞士球俯卧测试中，小学生受害怕摔倒心理因素的影响，测试过程中出现个别学生睁眼现象，测试时测试人员在计时的同时要注意学生睁眼现象并保护学生安全，以免出现计时误差。闭目瑞士球俯卧和瑞士球仰卧测试要求学生在以瑞士球为支撑时保持人和球的平衡，这就要求学生以踝关节周围的肌肉控制好前脚掌和脚跟踩地的力量。俯卧和仰卧动作要求腰部、腹部、腿部肌肉的主动收缩，颈部和肩部的稳定控制力。在辅助器械体操练习内容的安排上，学生通过天鹅走、笨熊走、斗鸡跳、小兔跳等练习，提高了学生踝关节稳定性、踝关节周围肌肉力量、身体肌肉的收紧和身体的姿态控制，滚雪球、推木头、圆木滚滚、跳跳球、燕子飞翔等练习提高了学生的腰腹力量和身体的整体控制能力。

从平衡木行走和平衡木爬行的动态平衡能力的测试成绩分析，两项动态平衡的成绩是数值越小成绩越好。在对水平一的二年级学生进行借助辅助器械体操练习的干预后男女生动态平衡测试的成绩均有所提高。由表 8－13 可知，男生平衡木行走的成绩均值由 7.19s 减少到 6.37s，$t=9.28$，$P<0.01$，成绩呈显著性提高。女生平衡木行走的成绩均值由 9.19s 减少到 8.35s，$t=10.83$，$P<0.01$，成绩呈显著性提高。男生平衡木爬行的成绩均值由 24.16s 减少到 20.22s，$t=27.46$，$P<0.01$，成绩呈显著性提高。女生平衡木爬行的成绩均值由 29.31s 减少到 25.50s，$t=17.12$，$P<0.01$，成绩呈显著性提高。在这两项动态平衡测试项目中，男生、女生实验后测试成绩相对实验前测试成绩均有显著提高。男生测试成绩无论是实验前还是实验后均优于女生。因此，借助辅助器械进行的趣味体操练习对二年级学生的平衡木行走和平衡木爬行两项动态平衡能力有显著提高的效果。

在平衡木的两项测试中，由于平衡木宽 0.1m、离地高 0.3m，学生在上面练习动作时有一定的恐惧心理；平衡木行走时身体的支撑面积较小，两脚需在平衡木上交替行走并维持身体平衡；平衡木爬行时，不仅要求在较小支撑面上维持平衡，还需要手脚协调配合交替爬行。这两项测试中心理因素是影响测试成绩的重要因素，二年级男生与女生相比，男生的胆子大、爱冒险，对新运动爱尝试，对运动的兴趣更高，更乐于练习中引起教师注意和得到教师的认可及表扬。在相关练习和测试中男生表现活跃，体现出较高的运动积极性。实验前测试时大部分女生表现出害怕情绪，经过练习后，实验后测试时这种情况有所好转。男生在平衡木项目实验前、实验后测试中的表现比女生要好。在辅助器械体操练习中在平衡木的两侧放置了海绵垫用于保护学生的安全，同时教师在一侧进行随行保护，以缓解学生的心理压力，安抚学生害怕的心理，并适当地在语言上多给女生鼓励，提醒男生多注意安全。辅助器械体操练习中安排了在体操凳上和平衡木上的正、侧向的行走、天鹅走、笨熊走、穿越独木桥等，让学生逐渐适应在有一定高度的辅助器械上的行走和平稳跑动；安排学生进行蜘蛛爬、蚂蚱爬、匍匐爬、婴儿爬、蝎子爬等爬行动作，练习学生的手脚协调能力和基本的力量。辅助器械的支撑面由宽向窄过渡，逐步增加难度。练习时进行小比赛以提升学生的练习积极性。

四、实验前、后对二年级男女生平衡能力评价等级的差异分析

（一）实验前、后对二年级男女生静态平衡能力评价等级的差异分析

对二年级男女生静态平衡能力中闭目单脚站立、平衡垫单脚站立、平衡垫坐、闭目瑞士球俯卧和瑞士球仰卧成绩进行等级划分，按各自不同的成绩间隔划分成7个等级。

由图8－38可知，对二年级小学生闭目单脚站立实验成绩进行评价级别划分，实验前主要分布在2、3、4等级中，其中2级占36.92%、3级占13.08%、4级占15.38%。经过实验干预后，3级到7级的百分比都有较大程度的上升，其中7级的人数比例由10.00%上升到17.69%。

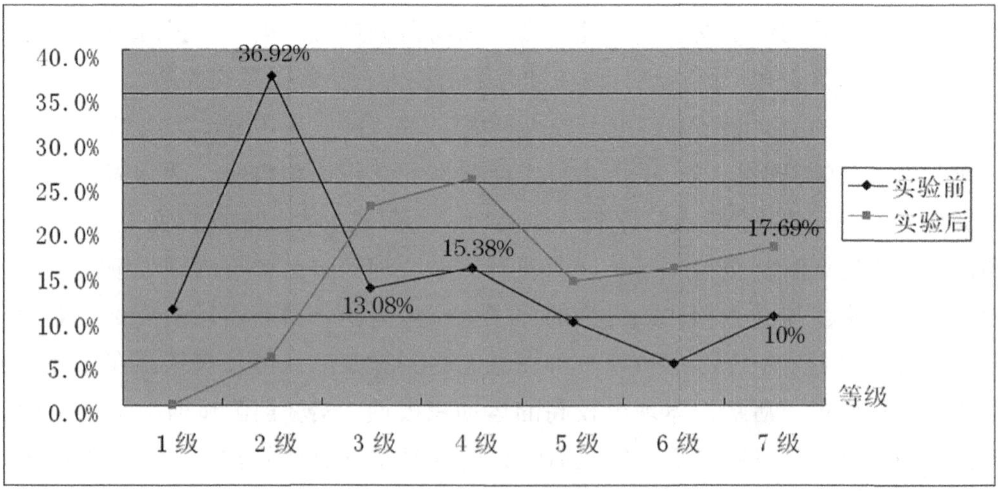

图8－38　闭目单脚站立评价等级统计图

由图 8－39 可知，对二年级小学生平衡垫单脚站立实验成绩进行评价级别划分，实验前成绩主要分布在 1、2、3 等级中，其中 1 级占 20.00%、2 级占 53.08%、3 级占 13.85%。经过实验干预后，成绩主要分布在 2、3、4 等级中，其中 4 级的人数比例上升最多，由 3.85% 上升到 32.31%，6、7 级的百分比有小幅上升。

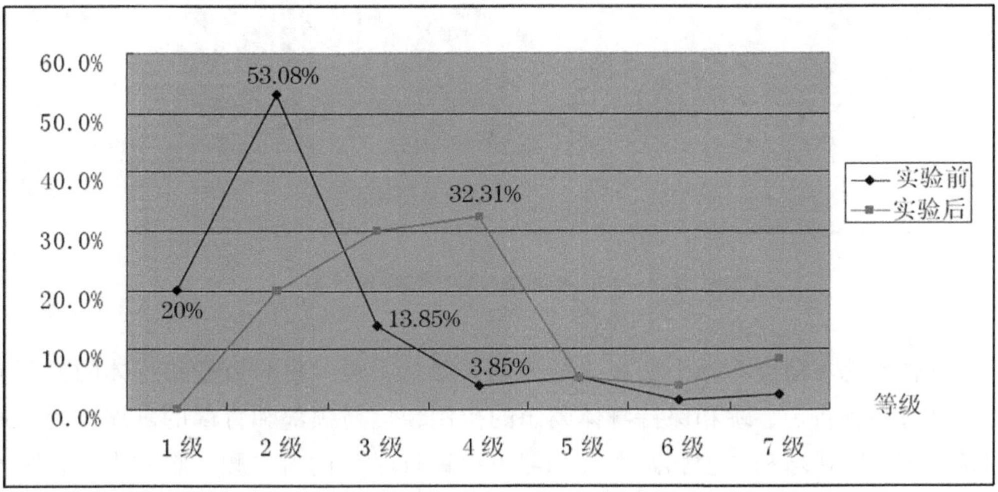

图 8－39　平衡垫单脚站立评价等级统计图

在辅助器械体操练习中，学生的练习内容多种多样，练习形式丰富多样。闭目单脚站立、平衡垫单脚站立都是以单脚站立为主的平衡动作，其动作完成时间主要由下肢力量、踝关节的稳定性和身体的控制能力决定。天鹅走、笨熊走等不同形式的走，小兔跳、青蛙跳、斗鸡跳等不同形式的跳，金鸡独立、燕式平衡、垫上芭蕾等各种身体控制动作，燕子飞翔、跳跳球等蹬地动作，增强了学生下肢大、小肌肉群的力量和身体控制能力，促进学生平衡能力的提高。

由图 8－40 可知，二年级小学生平衡垫坐实验成绩进行评价级别划分，实验前成绩主要分布在 2、3 等级中，其中 2 级占 61.5%、3 级占 19.2%。经过实验干预后，成绩主要分布在 3、4 等级中，其中 3 级的人数比例上升到 53.9%，而 7 级的人数百分比也由 0.0% 上升到 3.9%。

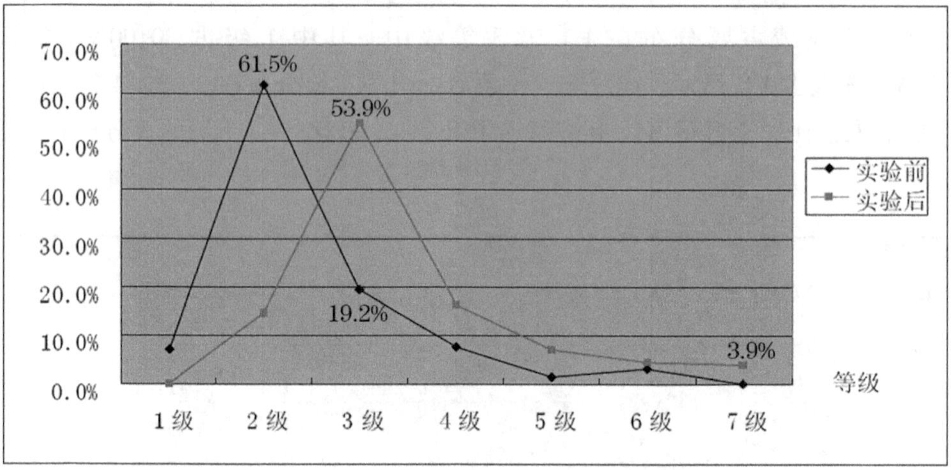

图 8－40　平衡垫坐评价等级统计图

从体操练习角度看，平衡垫坐的控制需要背、腰、腹的力量和身体的控制能力。通过各种行走、跳和保持身体姿态的控制，提高颈部和背部的舒展能力。通过滚雪球、跳跳球和垫上脚踏车等练习可以锻炼学生的背、腰、腹的力量，圆木滚滚、推木头、燕子飞翔、滑翔伞等练习可以加强学生对身体的平衡控制。

由图 8－41 可知，对二年级小学生闭目瑞士球俯卧实验成绩进行评价级别划分，实验前成绩主要分布在 2、3 等级中，其中 2 级占 36.9%、3 级占 30.0%。经过实验干预后，成绩主要分布在 3、4 级中，其中 4 级人数比例由 12.3% 上升到 23.1%。

由图 8－42 可知，对二年级小学生瑞士球仰卧实验成绩进行评价级别划分，实验前成绩主要分布在 2、3、4 等级中，其中 2 级占 46.2%、3 级占 20.0%、4 级占 10.0%。经过实验干预后，其中主要分布等级基本不变，但 3 级的百分比上升到 33.9%，提升非常明显；7 级的百分比也由 10.8% 上升到 14.6%。

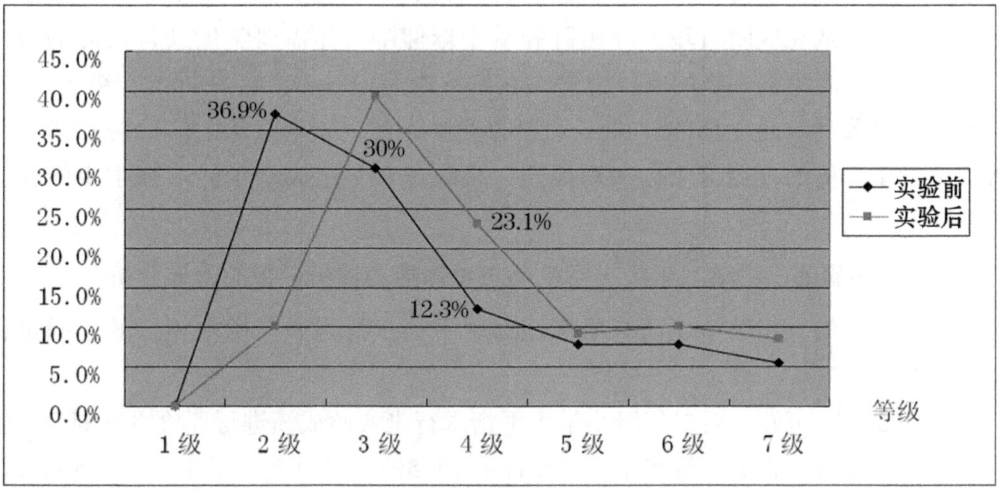

图8－41 闭目瑞士球俯卧评价等级统计图

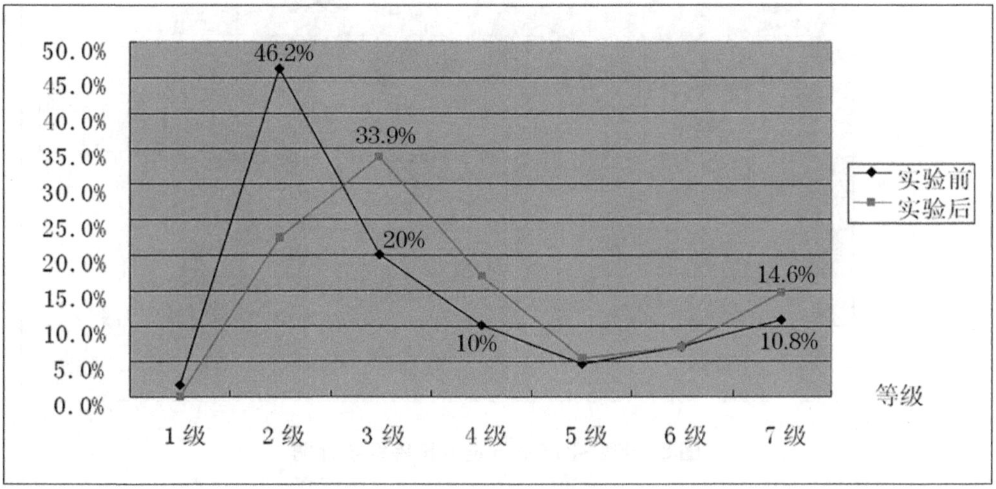

图8－42 瑞士球仰卧评价等级统计图

在辅助器械体操练习内容中安排各种爬行、疯狂陀螺和圆木滚滚等锻炼学生的前庭感觉。从完成闭目瑞士球俯卧和瑞士球仰卧动作需要学生具备良好的身体控制能力、腰腹力量和脚的支撑力量。在练习内容设计中，各种行走、垫上芭蕾、单脚支撑和各种跳的动作能促进学生脚的支撑力量，圆木滚滚、斜拉桥和滑翔伞等锻炼学生身体的控制能力，大鹏展翅、跳跳球和垫上脚踏车能增强学生的腰腹力量。

（二）实验前、后对二年级男女生动态平衡能力评价等级的差异分析

对水平一的二年级学生动态平衡能力中平衡木行走和平衡木爬行的成绩进行等级划分。

由图 8－43 可知，对二年级小学生平衡木行走实验成绩进行评价级别划分，实验前成绩主要分布在第 6 等级中，占总体的 58. 5%。经过实验干预后，6 级的人数比例上升到 62. 3%；7 级人数百分比由 3. 85% 上升到 6. 92%。

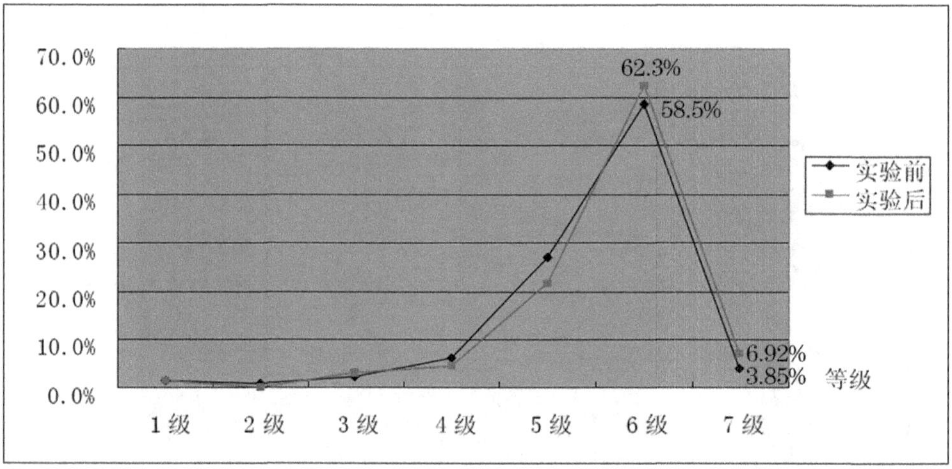

图 8－43　平衡木行走评价等级统计图

由图 8－44 可知，对二年级小学生平衡木爬行实验成绩进行评价级别划分，实验前成绩主要分布在 1、2、3、4 等级中，其中 1 级占 33.1%、2 级占 17.7%、3 级占 20.0%、4 级占 17.69%。经过实验干预后，其中 1、2 级的人数比例有所下降，4 级的人数比例上升到 23.85%，5 级人数比例由实验前 8.46% 上升到 18.46%。

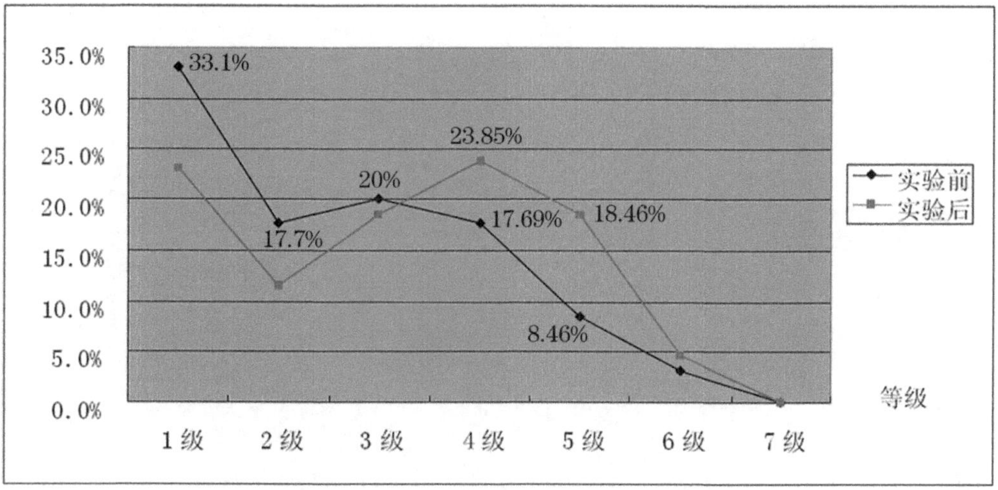

图 8－44　平衡木爬行评价等级统计图

通过天鹅走和垫上芭蕾锻炼学生良好的身体姿态；通过圆木滚滚、斜拉桥和滑翔伞等动作锻炼腰部、髋部和臀部的控制力；通过青蛙跳、小兔跳等跳跃练习和平衡垫站立促进下肢力量增长，增强下肢关节稳定性。平衡垫行走练习是锻炼学生在不稳定面上行走时身体的控制力和下肢小肌肉的力量。不同的爬行动作可以锻炼学生身体和手脚的协调配合及头部位置改变引起的前庭感觉的变化。

结论

（1）辅助器械体操循环训练对水平一的二年级学生的静态平衡能力和动态平衡能力均有促进作用。

（2）水平一的二年级男生、女生在平衡能力方面有一定的差异；男生的平衡木行走和平衡木爬行两项动态平衡能力测试成绩优于女生。

（3）女生在闭目单脚站立、平衡垫坐、平衡垫单脚站立 3 种静态平衡能力测试中成绩优于男生，但瑞士球的闭目俯卧和瑞士球仰卧两项静态平衡能力测试成绩男生优于女生。